「逆説」で斬る! 義経

井沢元彦
+ ark COMMUNICATIONS

宝島社
文　庫

文庫化によせて

本書は2004年末に発行された別冊宝島ムック『井沢元彦の逆説の義経記・源義経の謎』を文庫化したものである。

折しも2005年に入り放送の始まったNHK大河ドラマ「義経」が高視聴率を記録しており、本書の主人公でもある中世の英雄が再注目されている。

私は義経を歴史上、稀代の「アイドル」と述べてきた。それは、現代のように歌も歌えばドラマの主役もこなす、芸達者でイケメンのアイドルという意味ではない。むしろ、さして美男子でもなく、器用でもなかった義経は、「めっぽう戦に強かった」という意味で、アイドルだったのである。いつの世でも、人々は自分に持ち得ない能力を持った人物に対して、畏れをいだき、偶像視し、時にカリスマと見なすものだ。義経の場合がまさにそれであった。

戦に強いという意味は、腕っぷしが強かったということでない。彼の場合は指揮官として天才的に強かった。そして、誰もが成し得ないと思った平家討伐を、わずか1年ほどでやってのけた。そして明治維新まで続く武士社会の扉を開けた。言ってみれば義経は、この1年ほどの間に、日本の歴史を大きく塗り替えてしまったのである。

過去に歴史を塗り替えた人物としては、織田信長をはじめ数人の名が上がるが、その一人である源義経の生涯と、その時代背景を知ることは、日本の歴史を知る上で重要な意味があると思う。

文庫化された本書をお読みいただくことで、より読者に、自分たちの住む日本という国の歴史に深い関心を抱いていただければ幸いである。

平成17年6月吉日

井沢元彦

「逆説」で斬る！　義経

源義経の登場を見るまで、
日本史上には「人気者」というものがいませんでした。
「偉い人」はいました。
各分野での「実力者」もいました。
しかし、多くの人の人気を得た「アイドル」は、
義経が初めてでした。
なぜ、義経が「アイドル」たりえたのか。
それは、義経が強かったからです。
腕っ節が強かったわけではありません。
軍事指揮者として強かったのです。
強かったなんてものじゃなく、「天才」でした。
誰もが為しえないと思っていた平家追討をたった一年
で成し遂げてしまったのです。
大衆の注目度は、現在のイチローか、あるいはそれ以
上だったかもしれません。
しかし、義経の栄光は、ほんの一瞬でした。

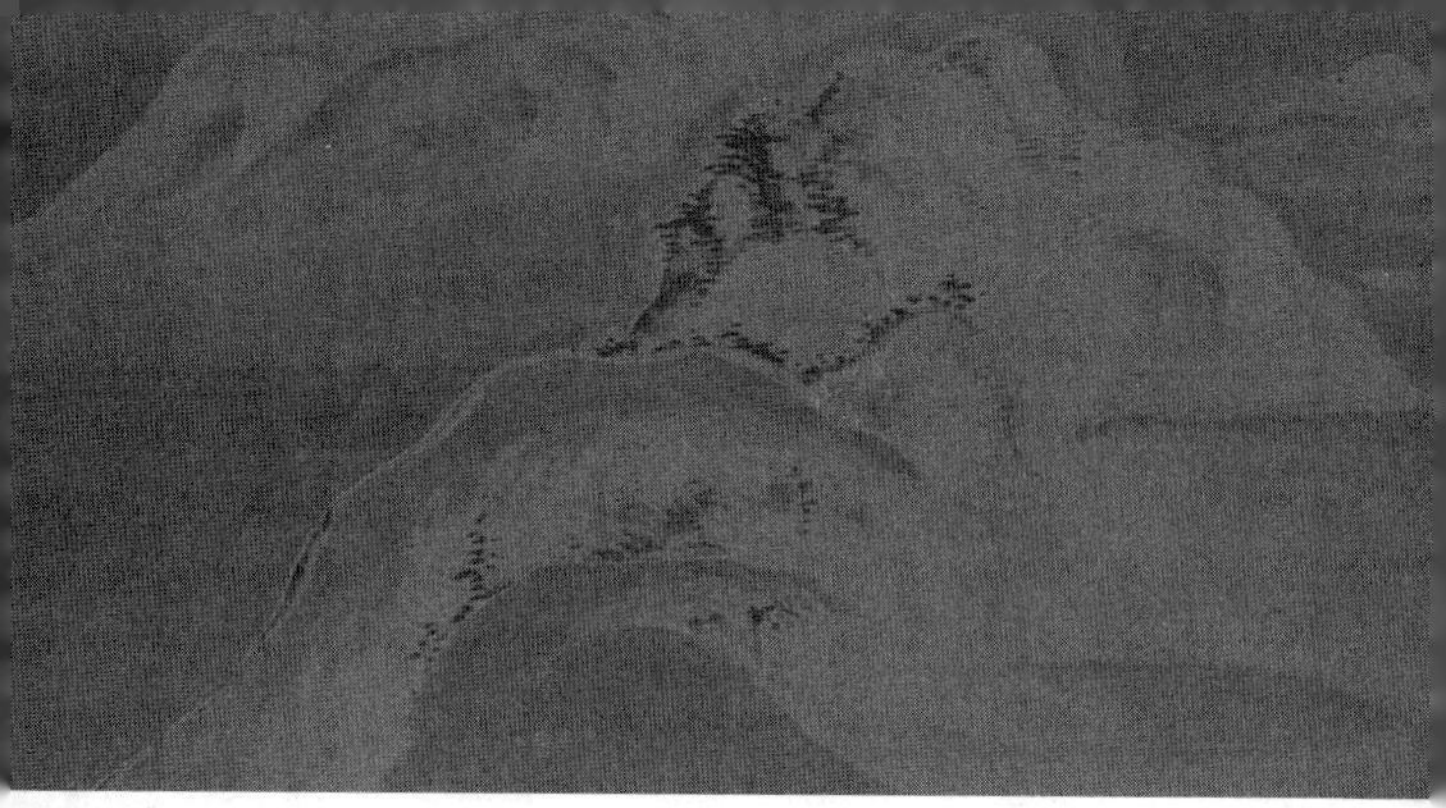

彼はまさにその天才的実力が求められる「ここしかない」という歴史上の絶妙のタイミングでこの世に現れ、そして消えていきました。

新しい歴史の扉を開いたのは、頼朝ではなく、あくまでも義経です。

しかし、義経が扉を開けた途端、後から無数の武士が義経を押し倒し、その屍を踏み越えて、新しい時代へ突入していきました。

以後、日本は長い長い「武士の時代」を迎えます。

義経の果たした歴史的功績を知ることは、日本史の実像に迫る上で、とても大切なことであると私は信じて疑いません。

平成十六年十月

井沢元彦

「逆説」で斬る!! 義経 INDEX

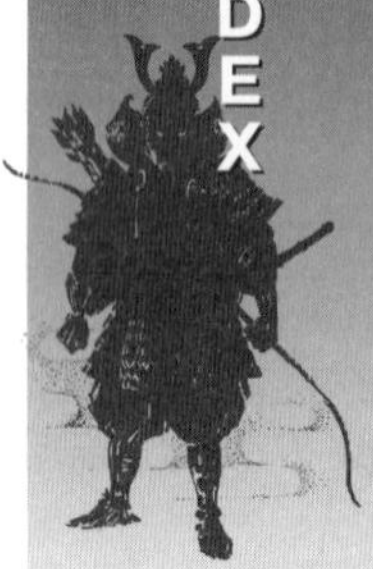

【井沢元彦の源義経集中講義】逆説の義経記

義経と兄・頼朝編　奇跡を生み、歴史を変えた兄弟……73

義経の天才的戦術編　不可能を可能にした騎馬戦術の妙……95

義経＝ジンギスカン説を検証編

編集／アーク・コミュニケーションズ（高水茂、米山乃理子）
取材・文／陶木友治
撮影／アーク・フォトワークス（川原憲一、清水亮一）、片桐圭
イラスト／高良雅行
表紙・本文デザイン／平岡省二

【井沢元彦が語る源義経】

義経とは
こんな人物

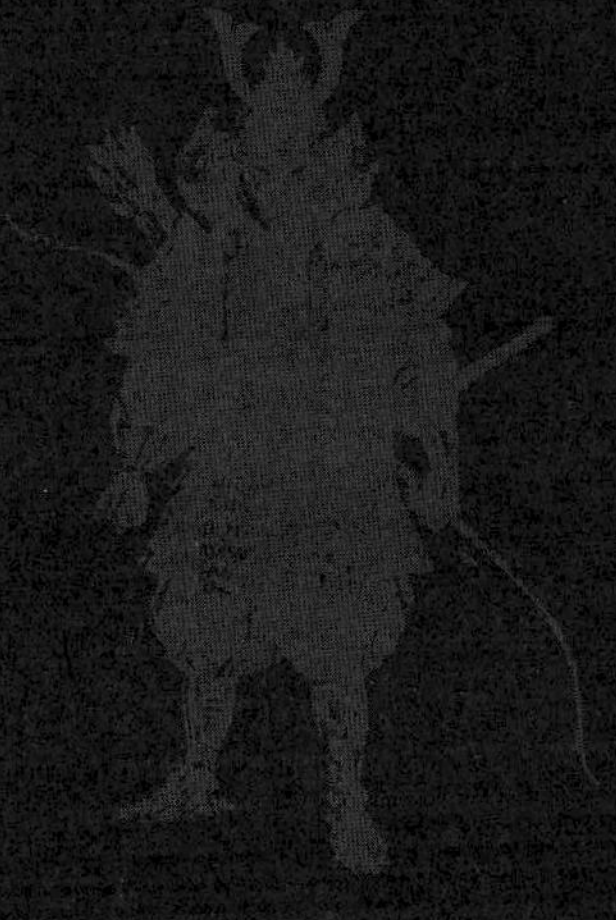

平家を滅ぼすためだけに生まれてきた〝天才〟の悲劇

歴史上には、「ある特定の使命を、特定の時代に行うために生まれてきた人物」が時々現れる。義経がまさにそれだった。

源義経が活躍した平安時代末期から鎌倉時代は、日本史上にいくつかあった大転換期の一つに当たります。後世の明治維新（一八六七年）に匹敵するほどの大変革がこの時期に行われ、源氏政権の誕生によって日本は新たな時代に突入しました。この本の主役である義経は、新時代への〝扉〟を開いた最大の功労者です。そのことを理解するには、当時の社会状況について詳しく知る必要があります。

義経誕生当時、日本の覇権を握っていたのは平清盛を中心とする平家です。つまり、武士の政権が日本を治めていました。もっとも、それ以前の日本は、天皇や藤原摂関家などの貴族が中心となって支配していた「律令国家」(注1)でした。

では、なぜ武士である平家が政権を掌握することができたのか。それは、皇室の相続争いに端を発した保元の乱(一一五六年)によるところが大きい。この戦いでは、崇徳上皇と後白河天皇が後継者を巡って対立し、両者がそれぞれ武士を雇って争ったことで、相対的に武士の地位が向上しました。と言うのも、当時の朝廷は〝近衛兵(軍隊)〟を持っておらず、戦争をするには武士の力を借りなければならなかったからです。

けっきょく、保元の乱は平清盛・源義朝(義経の父)を擁する後白河天皇が勝利を収めました。以降、権勢を強めた清盛と義朝はこぞって中央政界へ進出します。しかし、両者は次第に反目しあうようになり、その争いが最終的には平治の乱(一一五九年)へと発展します。この戦いでは平家が勝利し、中央政界における唯一の武門としての地位を確立、一方の源氏は没落していきました。

※注(1)律令国家=律は「刑法」、令は「行政法」に当たる。つまり法律によって統治された国家のこと。特に日本では七世紀半ばの奈良時代~平安時代初期の一〇世紀頃まで続いた。この時代、人民には土地を国家から保証される代わりに(班田収授)、租・庸・調・雑徭などの租税や労働の義務が課せられた。

〝貴族化〟した平家政権に対し、武士たちの不満が爆発した

平家の棟梁である平清盛は、一族を朝廷の高位につけ、自分の娘・徳子を高倉天皇の妃にするなどして独裁的権力を振るうようになりました。出身は武士ですが、その政治手法は極めて〝貴族的〟な色合いを強め、やっていることはそれまでの貴族政治となんら変わらなくなってしまった。つまり、政権の出身階級が貴族から武士に移っただけで、世の中のシステムそのものに変化は見られなかったのです。

当時求められていたのは、リンカーン（注2）風に言えば「武士の、武士による、武士のための」政治です。しかし、平家政権は貴族の真似をし、武士の権利を確立しようとしなかったため、次第に反感を買うようになっていきました。

では、当時の武士が求めていた〝権利〟とはいったいなんだったのか。ひとことで言えば、それは「正式な土地の所有権」です。そもそも律令

※注（2）リンカーン＝Abraham Lincorn、米国第一六代大統領。一八六三年、南北戦争の中で奴隷解放を宣言。六五年に暗殺される。「人民の人民による人民のための政治」という民主主義の理念を説いた。

平治の乱の勝利によって源氏は没落し平家が権力を掌握した
（「保元平治の乱屏風／平治の乱」、仁和寺蔵）

制度は土地の私有を認めていなかったのですが、七四三年に制定された墾田永世私財法によって、開墾地にかぎって私有が認められるようになっていました。とはいえ、所有権自体は長らく貴族や寺社が握っていた。当時の武士は下層階級に属していたため、汗水たらして土地を開拓しても正式な所有者にはなれず、〝管理人〟の地位に甘んずるしかなかったのです。このことに、多くの武士が不満を抱いていました。

すでに平安時代の中頃から、日本は〝武士〟という名の武装農民の国で、天皇や公家を中心とした律令体制による政治は、国の実状にまったく対応していませんでした。本来は、武士こそ政治の主役になるべきだったのです。そのため、平家による武家政権が誕生した際、多くの武士は土地の所有権が認められるようになると期待しましたが、前述のように平家は〝貴族化〟し、その政治は単に藤原摂関政治を踏襲しただけのものにとどまってしまいました。

そこに義経の兄、源頼朝が登場します。頼朝は、平治の乱で平清盛に敗れた源義朝の三男で、一四歳のときに〝謀反人の子〟として流刑に処され、その後二〇年間も伊豆に幽閉されます。頼朝自身はこの期間を〝人生の損失〟と考えていたかもしれませんが、このときの経験があったからこそ、後に彼は鎌倉幕府を開くことができたと私は思っています。

と言うのも、都から遠く離れた関東地方で長く暮らしたことで、頼朝は武士たちが何を望んでいたかを理解できたからです。そのため、平家に反旗を翻すに当たって、頼朝は武士の権利を確立する政権の樹立を目指しました。朝廷に武士の土地所有権を認めさせることを大目標の一つに掲げたのです。言うなれば、頼朝は時流に乗り、それによって多くの味方を得ることになるのですが、軍事に疎い彼の力だけでは強大な平家を撃ち破ることはできなかったでしょう。

そんな頼朝の「野望」を実現させたのが、軍事の天才である弟・義経です。義経がいなければ、頼朝の挙兵（一一八〇年）からわずか五年という短い期間で平家が滅ぶ

中央左には建礼門院を助ける源氏兵が描かれている
(「安徳天皇縁起絵図」第八巻、土佐光信画、赤間神宮蔵)

ことはなかったはずなのです。

世界で初めて騎馬戦術を開発。義経は史上最高の軍人だった

義経は、まぎれもなく〝軍事の大天才〟でした。この見解に異論を差し挟む歴史学者はいないでしょう。極端な話、日本史上最高の軍事指揮能力を持った人物だったと言っても過言ではありません。義経は、「一の谷」「屋島」「壇の浦」で平家軍を撃ち破り、まさに〝あっ〟という間に平家を滅ぼしてしまいました。

義経のすごさは、〝騎兵の集団運用〟という、世界史的にもあまり例のなかった戦術を開発したことにあります。騎兵隊のスピードと破壊力を最大限に活用し、電光石火の早業で平家を掃討した。しかも、前述の三つの合戦はすべて平家の本拠地であり、義経（源氏）にとっては〝アウェイ〟に当たる西日本で行われたものです。貴族化していたとは言え、当時の平家の力はまだまだ強大で、さらに水軍も持っていました。普通なら勝てるはずがないのに義経は勝ってしまった。しかも壇の浦の合戦では、平家が得意とし、源氏が苦手とする海上戦で勝利し、平家を滅亡に導いたのです。まさに、恐るべき〝天才〟と言えるでしょう。

義経の働きによって平家は倒れ、源頼朝を中心とした源氏の政権「鎌倉幕府」が誕生（一一九二年）します。歴史的に見ると、鎌倉幕府の成立とは、朝廷（天皇）が幕府（武

士）に日本の統治権を委任したことにほかなりません。ここで、徳川幕府がどのように終焉を迎えたかを思い出してください。幕府が朝廷に統治権を返還する「大政奉還」によって、江戸時代は終わりを告げました。

冒頭で、鎌倉時代が明治維新に匹敵するほどの大転換期だと述べたのは、こうした理由によるものです。天皇・公家を中心とした律令体制ではなく、また貴族化した平家による〝まがいもの〟の武家政権でもない〝真〟の武家政権が誕生し、以後七〇〇年近くにわたって武士の手で日本は統治されていくのです。

歴史的使命を果たしたとたん、抹殺された義経

〝真〟の武家政権の成立にもっとも功のあった人物、それが義経です。歴史に〝たら・れば〟は禁物ですが、もし義経が存在しなかったら、武家政権の誕生は、大きく遅れたに違いありません。義経はまさに時代の扉を開ける原動力になった人なのです。しかし、軍事の天才・義経も、政治的センスの欠落がもとで頼朝と仲違いし、最期は奥州・衣川で殺害されます（一一八九年）。その末路は、〝真〟の武家政権の誕生を目前に控え、我が世を謳歌し始めていた武士たちの姿とは対照的な、極めて悲劇的なものでした。

大局的な観点から見たとき、義経という稀代の天才は「平家を滅ぼすためだけに生まれてきた人物」のように思えてなりません。明治維新まで続く〝武士の時代〟の扉

を開くという歴史的使命を終えたとたん、抹殺されてしまった。頼朝をはじめ、多くの武士たちは義経の屍を乗り越え、新時代の扉の中へと入っていきました。

　歴史上には、「ある特定の使命を、特定の時代に行うために生まれてきた人物」が時々現れます。義経がまさにそれであり、彼が日本史上に果たした功績は非常に大きなものだったのです。

井沢元彦（いざわ・もとひこ）
１９５４生まれ。早稲田大学法学部卒。ＴＢＳ入社後、報道局（政治部）記者時代に著した『猿丸幻視行』で第26回江戸川乱歩賞を受賞。31歳で退社し、以後作家活動に専念している。主な著書に、『言霊』『穢れと茶碗』『隠された帝』『天皇になろうとした将軍』『逆説の日本史』などがあり、週刊ポスト連載の『逆説の日本史』は５００回を超えてなお回を重ねている。日本推理作家協会理事。

神懸かり的軍才と愚直な人間性

軍神・義経のあまりにも凡庸な政治能力が生んだ悲劇

平安末期、日本は、史上最大のヒーローとも言うべき人物の登場を見る。
源義経。不可能を可能にし、
あり得ない戦法で常識を駆逐し、
平家を滅ぼして源氏の世を築き上げた武将は、
彗星のように歴史のほんの一瞬を駆け抜けていった。

軍神・義経の戦い

一の谷から壇の浦へ

［一の谷の合戦］

一の谷の合戦が行われたのは、現在の神戸市須磨区、須磨浦のあたり。広い砂浜が左右に続き、前は海、背後は急斜面の山という、防御には絶好の場所でした。

木曽義仲によって京を追われた平家軍は、安徳天皇を奉じて本拠地を神戸に移していました。

その義仲を破った義経軍がこちらへ向かっているという情報を得た平家軍は、一の谷に砦を築き、防衛体制を整えたのです。

このとき平家は、防衛に絶対の自信を持っていました。

もともと海軍を持ち、陸海軍がバランス良く発達してきた平家と違い、源氏は純粋な陸軍で構成された「山猿」の軍隊です。

海には平家の艦隊、背後は崖、となれば源氏は水際の狭い部分を、両翼から攻めるしかありません。そんな狭いところでは大軍を展開できないし、無理押ししてきても簡単に撃破できる――平家軍は、みなそう考えて、義経軍を待ちかまえていました。

しかし義経は、平家の意表をついたのです。

背後の急斜面を駆け下り、平家の背後を奇襲するという作戦に出たのです。

この奇襲作戦を成功させるために、義経は騎兵集団をフル活用し、平家軍の常識では考えられない迅速さで敵の背後に回り、敵に防衛体制を取らせないスピードで一気に攻撃をしかけました。

この騎兵移動による奇襲を成功させた例は、この一の谷の戦いを除けば、日本史上、織田信長が今川義元を破った桶狭間の戦いのみです。

日本はおろか、ヨーロッパでも、このときの義経ほどあざやかな騎兵活動を示した例はなかったと、故・司馬遼太郎氏も『義経』の中で述べています。

義経は、まさに天才だったのです。

この天才なくして、源氏が西国の雄・平家に勝利することは、ありえなかったでしょう。

義経の奇襲作戦により源氏軍は大勝。中央上には有名な鵯越えの逆落としが描かれている
(「源平合戦図屏風／一の谷」、埼玉県立博物館蔵)

［屋島の戦い］

一の谷で敗れた平家は、瀬戸内海の対岸にある屋島（香川県高松市）に逃れます。敗れたとはいえ、平家にはまだ強大な水軍がありました。平家はここで、「源氏は船の移動を最小限にとどめ、上陸した後の決戦に賭けてくる」と見ていました。

そこで、船を隠し、源氏が上陸する前に殲滅してしまおうと待ちかまえていました。ところが義経は、またもやその平家の意表をついたのです。

義経は、誰もが警戒を緩める嵐の夜、摂津国（大阪府）から騎馬隊もろとも瀬戸内海を押し渡り、平家軍がまったく予期しなかった阿波（徳島県）の勝浦に上陸します。

そして翌日には、騎兵の機動力を生かし、屋島の背後に到着していました。背後からの攻撃を予期していなかった平家は、自軍の心臓部とも言える内裏（安徳天皇の御所）も屋島の南側に配置していました。

つまり、平家の背後をついた義経軍の目の前です。

義経軍によって心臓部を急襲された平家軍は、またもや脆くも崩れ去りました。そして決戦の舞台は、壇の浦へと移ります。

［壇の浦の戦い］

壇の浦の戦いは、あくまでも「海戦」でした。

ここまで騎兵による奇襲戦略で連勝を続けてきた義経にとっても、陸戦を得意とする源氏軍にとっても、船団のぶつかり合いになるこの海戦は、勝ち目のない戦の「はず」でした。

しかし、ここまでの義経の勝利は、源平のパワーバランスを大きく変えつつありました。

最も大きな変化は、伊予・紀伊などの水軍が平家を見限り、源氏に味方したことです。初めて源氏は「海の民」平家に伍する「艦隊」を持つことができたのです。

さらに義経は、ここで誰もが考えつかなかった作戦を挙行しました。

それは、平家船の水手（かこ）・舵取（かんどり）を射殺すというものです。

船の操縦者を殺すことで、敵の船の動きを止めたのです。

「なんだ、そんなことか」と思う人もいるかもしれませんが、当時は水手・舵取は非戦闘員の扱いであり、彼らを殺すことはルール違反のようなものでした。というより、誰もが戦うのは武士であり、彼ら非戦闘員は戦争とは関係ない人たちと見ていたのです。

義経だけが、「彼らを殺せば船の行動は止まる」という、単純なことに気付き、それを実行したのです。まさに「コロンブスの卵」とも言うべき発見でした。

私は、天才とは、この「コロンブスの卵」を生み出す者のことだと思っています。偶然か必然か、義経という天才が、まさにこの瞬間、源氏にいたために、絶対敗れることはないと思われた平家の大軍は、壇の浦の海の藻屑と消えたのでした。

海上戦を得意とした平家軍だが、壇の浦の海戦では源氏の海軍の前に敗れ去ろうとしていた
(「安徳天皇縁起絵図」第七巻、土佐光信画、赤間神宮蔵)

攻撃する白旗の源氏軍と、船を使って逃げる赤旗の平家軍
(「源平合戦図屏風 / 屋島」、埼玉県立博物館蔵)

人間・義経の悲劇

逃避行と別れの日々

その天才的戦術によって平家を滅亡させた英雄・義経の栄光は、ほんの一瞬のものでした。天才軍事指揮官であった義経は、政治に対してはまったく愚鈍な、その一方で兄の頼朝に対しては忠実な「凡人」だったのです。

平家を滅ぼし、頼朝に喜んでもらえるとばかり思っていた義経には、兄の怒り

追手から逃れるため、義経一行は吉野に一時身を隠した
(「大和国吉野山雪中源義経一山衆徒合戦図」、貞秀画、神奈川県立歴史博物館蔵)

が理解できなかったのです。三種の神器がなぜ重要なのか、そして、朝廷から検非違使の官位を授けられることがなぜいけないのか……。「天は二物を与えず」とは、まさにこのことです。

兄に理解されない義経の不満は、ついに義経を「兄への反乱」へと駆り立てます。

しかし、なぜかその瞬間から、義経は次々とツキに見放されていくのでした。

奥州へ向かう途中、加賀国安宅で義経一行は関守に見とがめられる。弁慶が機転をきかせ偽りの「勧進帳」を読み難を逃れた
（「義経公東下り絵巻」、中尊寺蔵）

義経は頼朝に対抗する兵力を集めるため、共に平家と戦ってきた精鋭二〇〇騎を率いて海路九州を目指します。

しかし船団は嵐に遭って壊滅。義経は多くの腹心の部下を失いました。失った精鋭たちは、平家を奇襲する際、義経の騎兵戦術を可能にした「義経党」ともいうべき一騎当千の兵たちです。

これを一気に失った義経は、弁慶はじめわずかの郎党を率いて、奥州藤原氏のもとへ亡命するしかありませんでした。

途中、吉野の山中では、最愛の静御前とも別れます。

このとき静は妊娠していました。

苦難の末、奥州平泉に落ち延びた義経を、かつての養父・藤原秀衡は温かく迎えてくれました。しかし心休まる時もつかの間、秀衡が逝去し、義経の命運は息子の泰衡に握られます。

しかし泰衡は父の言いつけを破り、頼朝の脅しに屈して、義経を裏切ります。

そして一一八九年四月、義経は、平家の大軍を撃ち破った奇跡を再び奥州の地で再現すべく、弁慶らわずかな家臣と共に、衣川で泰衡の大軍を迎え撃つのでした。

義経が最後に戦った「高館・義経堂」。別称、衣川の館。ここからは北上川や東稲山が一望できる（岩手・平泉）

謎多き源義経の一生から、九郎（くろう）の名にちなんだ
96のエピソードを紹介し、悲劇の英雄・義経と、
中世日本史の、知られざる実像に迫る。

【井沢元彦の源義経集中講義】　逆説の義経記

源九郎・義経
九十六の謎

義経誕生 編

一〇〇〇年に一度の天才はこうして生まれた

その希有な天才は、平安時代末期の源平の争乱の中に生まれました。父は源氏の棟梁・源義朝、母は絶世の美女とうたわれた常盤御前。

しかし義朝が平治の乱に敗れたため、長男・義平をはじめとする兄たちは殺され、あるいは頼朝のように都から遠く離れた地に流されます。幼い牛若（義経の幼名）とその二人の兄弟を連れた常盤は方々をさまよいますが、平家の追及の手を逃れられないと知ったとき、ついにある決心をします。それは敵方・平家の棟梁である平清盛に子供たちの助命を嘆願することでした。義経ら兄弟の命を救ったのは、母・常盤の美貌でした。子供たちの命と引き替えに清盛の妾となった常盤。そして義経ら兄弟は寺に入れられます。義経は鞍馬寺へ。こうして義朝の子供たちに受け継がれた源氏の男子の血筋は、清盛の手でほぼ根絶やしにされた……かに見えました。しかし、清盛にとっての大きな誤算は、ここで牛若を生かしたことだったのです。

一、牛若丸誕生の秘密

源義経は平治元年（一一五九年）、当時の源氏の棟梁・源義朝と常盤御前との間に生まれ、「牛若丸」と名付けられました。義朝には九人の男子がいますが、牛若丸はその末っ子に当たります。

生誕の地は、現在の京都府北区芝竹と言われています。芝竹周辺には「牛若丸誕生井」など義経にまつわる史跡が点在しており、そのほかにも「牛若通り」など義経の幼名を冠した地名が数多く残されています。

「義経誕生井」の近くには義経のへその緒が埋められた胞衣塚や産湯井跡碑などがある（京都市北区紫竹牛若町）

義経が生まれたこの年、都では平治の乱が勃発しました。この戦いで平清盛に敗れた父・義朝は、尾張（愛知県）に逃れて再起を図ろうとしましたが、翌年、配下の長田忠致にあえなく殺害されてしまいます。さらに、義朝の長男で義経の異母兄である義平も捕らえられ、京都・六条河原で斬首の刑に処されました。

残る兄弟は、頼朝のように流刑となったり、殺害されたりと、ちりぢりばらばらになります。幼い義経も死刑は免れましたが、仏門に入れられます。清盛によって後継者の芽が封じられた源氏がこの後再興するなど、この時代には誰もが予想だにしなかったでしょう。時代は平家の全盛期へと向かいつつありました。

二、謀反人の子の命を救ったのは　母・常盤の美貌だった

平治の乱で父を失い「謀反人の子」となった義経は、死刑になるはずでした。当時、謀反人の息子は、いかに幼少でも殺されるのが慣わしだったからです。しかし義経は辛くも死刑を免れています。

義経の命を救ったのは、「絶世の美女」と言われた母・常盤の美貌でした。常盤の色香に目が眩んだ平清盛によって母子ともども許され、難を逃れたと伝えられているのです。中国の楊貴妃、日本の小野小町など、絶世の美女と伝えられる女性は数多くいますが、真偽のほどは定かではありません。しかし常盤に関しては間違いなく美人だったろうと思っています。

と言うのも、義朝には多くの妻がいて、彼はどの女性にも一人ずつしか子を生ませていないのですが、常盤にかぎっては三人も生ませているからです。さらに、常盤は

源氏の棟梁、義朝の敗北により妻の常盤と３人の子も都を追われた
（「常盤御前」、松斎吟光画、神奈川県立歴史博物館蔵）

清盛の子を生み、その後、貴族と再婚しています。当時、何人もの子を生んだ女性が貴族と再婚した例はほとんどないのです。

三、源氏の兄弟たち——歴史から消えた兄弟のゆくえ

義経には八人の兄がいます。このうち歴史の表舞台に登場するのは、平治の乱で討ち死にした長男の「義平」、鎌倉幕府を打ち立てた三男の「頼朝」、義経と共に源氏の総大将として平家追討に活躍した六男の「範頼」の三人のみです。残る五人の兄たちはどのような運命を辿ったのでしょうか。

次男の「朝長《ともなが》」は、平治の乱の敗戦で父・義朝と共に逃れる途中、山賊の矢に射抜かれ、美濃（岐阜県）で命を落としました。

四男の「義門」に関しては、源氏の家系図に名前が載っているのみで、他のどの史料にも記述がないため、生涯は謎とされています。

五男の「希義《まれよし》」は頼朝同様流罪となり、介良（高知県）に送られました。一一八〇年の頼朝挙兵に呼応し、兵を挙げようとしますが、直前に挙兵を察知した平家の急襲に遭い、自害して果てています。

義経の同母兄に当たる七男の「全成」と八男の「義圓」は、ともに仏門に入れられ

ました。しかし、義圓は後に頼朝軍に加わり、一一八一年の墨俣川の戦いで討ち死にしています。

義経の兄弟

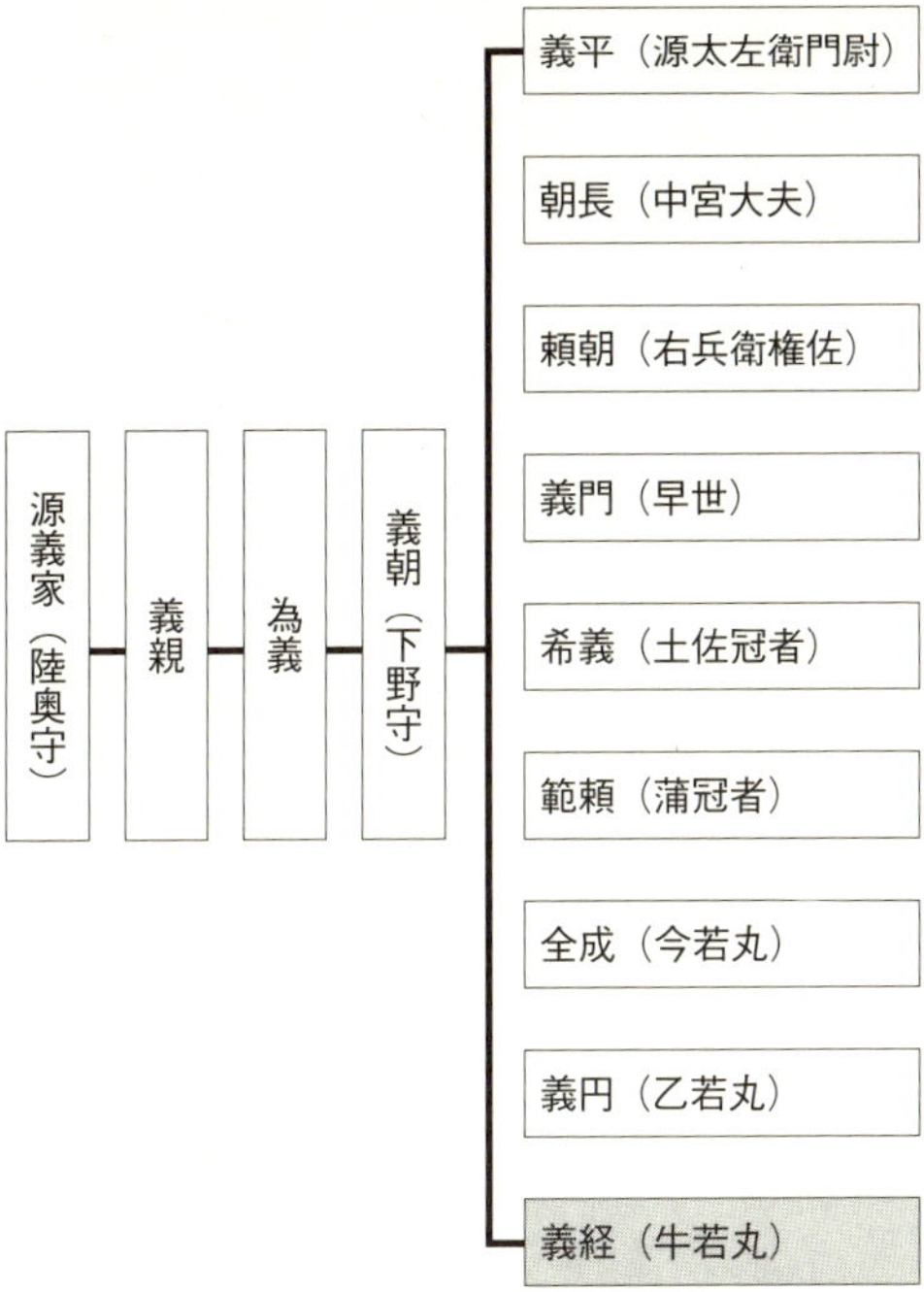

四、義経に剣法を教えた鞍馬天狗の正体とは？

義経の命を助けるに当たり、平清盛は「出家」を条件にしました。武門の子といえども出家して僧になってしまえば、後年、平家の脅威になることはないだろうと考えたのです。そのため、義経は六歳のときに京都の鞍馬寺に身柄を預けられ、一五歳で出奔するまで約一〇年間をこの寺で過ごします。

義経には数多くの伝説が残されていますが、その中の一つに「鞍馬寺滞在中に、鞍馬山中に棲む〝天狗〟に剣術を習った」というものがあります。天狗、とは荒唐無稽な話に聞こえるかもしれませんが、伝説を信じさせるに十分なほど、鞍馬寺は今も神秘的な雰囲気をたたえています。

鞍馬寺は奈良時代に鑑真和上《がんじんわじょう》の高弟・鑑禎上人が毘沙門天を祀ったのが始まりとされています。寺には義経が修行に通う途中に喉の乾きを潤したという「息つぎの水」、背丈を比べた「背比石」、「義経堂」など義経ゆかりの遺跡が点在します。奥の院には約六百万年前に金星から降臨したと伝えられる〝サナートクラマ〟を祀った魔王殿もあり、この魔王が天狗だと言われています。

ともあれ、鞍馬寺に預けられた義経は「遮那王《しゃなおう》」と名付けられ、覚日阿闍梨の弟子

義経が少年時代を過ごした鞍馬。鞍馬寺では毎年９月15日に義経を偲んで義経祭が行われる（「奥の院魔王殿」、京都・鞍馬山）

となりました。昼間は寺内の東光坊で学業に励み、夜が更けてから鞍馬山中の僧正ガ谷で天狗に剣術を習ったと伝えられていますが、私は義経の武芸は、後に義経が編み出すことになる数々の画期的な戦術とともに、鞍馬寺出奔後の放浪中に出会った野武士たちから学んだものだと考えています。この野武士たちが、義経を慕う後世の芸術家の脚色や民衆の想像力によって、「鞍馬天狗」として伝説化されたのではないでしょうか。

五、義経の兵法は野武士の兵法

義経は鞍馬の大天狗から兵法を授かったという伝説が伝えられている
（「舎那王於鞍馬山学武術之図」、月岡芳年画、西井正氣氏蔵）

義経が、後に平家の大軍を滅ぼす天才的兵法を誰から学んだかについては諸説あります。陰陽師の鬼一法眼から教わったとか、その鬼一法眼から奪った兵法指南書「六韜（りくとう）」に学んだという説も一般化されています。

しかし私は、やはり剣術同様、放浪中に野盗や山伏らとの付き合いの中で身に付いたゲリラ戦術がベースになっているのではないかと見ています。

（※）義経の戦術については九五ページ以降に詳述）

六、武蔵坊弁慶は実在するのか？

源義経を語るときに欠くことのできない存在、それが豪傑・武蔵坊弁慶《むさしぼうべんけい》です。この怪僧の存在も、数ある義経伝説の一つに数えられるでしょう。しかし史料がほとんど残されていないため、その実在性を疑う歴史学者も少なくありません。

一般的には、義経と弁慶は京都・五条大橋で戦ったとされ、その様子が「京の五条の橋の上〜」という有名な一節で始まる唱歌『牛若丸』でも歌われています。

義経が笛を吹きながら五条大橋を渡ろうとしていたある夜のこと、長刀を持った弁慶が義経の前に立ちふさがり、「刀を寄越せ」と言います。当時、弁慶は刀を一〇〇〇本集めるという悲願を立てていて、九九九本ま

千本目の刀を集めるために弁慶は義経と戦ったという
(「義経記五條橋之図」、月岡芳年画、西井正氣氏蔵)

で集めたところで、五条大橋で義経に出会ったのです。義経が無視して通り過ぎようとするのも構わず、弁慶は長刀を振るって斬りつけました。

義経は、これをひらりとかわして橋の欄干に飛び乗ります。弁慶は力いっぱい長刀を振り回しますが、全て義経にかわされ、とうとう力尽きてしまいました。潔く敗北を認めた弁慶は、この日から義経の家来となり、終生の忠義を誓った——という話が、両者の出会いとしてこれまで連綿と語り継がれてきました。

前述のように、弁慶の存在そのものを否定する歴史学者もいますが、私は実在していたと考えています。その実像は、鞍馬寺出奔後の放浪中に出会った野武士の一人だったのではないでしょうか。

弁慶が義経の家来となった理由も定かではありませんが、もしかすると、本当に決闘して義経が勝ったのかもしれません。義経には、後の「壇の浦の戦い」における〝八艘飛び〟のようなエピソードも残されていることから、身が軽かったのは事実だと思います。その身軽さでもって弁慶の攻撃をことごとくかわし、ついには弁慶を降参させたのかもしれません。この後、弁慶は忠実な部下として義経に仕え、一一八九年、義経と共に奥州・衣川で戦死します。

七、義経は美少年だった？

義経はよく「美男子」として描かれています。しかし、これはあくまでもフィクションの世界であり、「実際は美男子ではなかった」とする説が歴史家の間などでは一般的です。

その根拠は、義経が「色黒だった」という理由によるようです。平安時代から鎌倉時代にかけて美男子の基準とされていたのは、「公達顔」と呼ばれる顔立ちでした。現代の「ハンサム」あるいは「イケメン」と言ったところでしょうか。〝公達〟とは貴族のことです。貴族は外出することが少ないので日焼けしません。そのため、色白であ

絶世の美女、常盤御前の子である義経は果たして美男子だったのか（「義経画像」、中尊寺蔵）

ることは公達顔の必須条件だったのです。

しかし放浪生活が長く、多くの合戦を指揮した義経は、むしろ日焼けしていたと考えるのが妥当であり、当時の基準で考えると、美男子ではなかったはずなのです。

もっとも、絶世の美女であった母・常盤の血筋を受け継いでいなかったとは言えません。また、後に静御前や、正妻の河越氏などが、没落した義経に最期まで付き従おうとしているところを見ると、彼は女性に好かれるタイプであったことが分かります。美男子でなくても、母性本能をくすぐる、女性には放っておけない人物であったことは想像に難くありません。

八、名前の変遷が物語る義経の変転

義経の名前は、齢を重ねるとともに、または境遇の変化によって、たびたび変わっています。

誕生当時、義経は「牛若丸」という幼名を与えられますが、六歳のときに鞍馬寺に身柄を預けられると、「遮那王」と名付けられました。

一六歳で鞍馬寺を出奔すると、義経は金売り吉次という商人に誘われて奥州・平泉に向いました。その途中、義経は熱田神社で元服の儀式を済ませ、このときから「九郎義経」を名乗るようになったと言われています。「九郎」とは文字どおり、九番目の男子という意味です。義経は、源義朝の九男なのです。

二五歳のときに、義経は後白河法皇から〝検非違使《けびいし》〟という官職を与えられ、以後「九郎判官義経」と呼ばれるようになりました。

〝判官〟とは検非違使の別名なのです。弱者や薄幸の人間に同情・味方することを〝判官贔屓《ほんがんびいき》〟と言いますが、この判官とは義経のことを指します。

義経の名前の変遷

牛若丸うしわかまる

↓

遮那王しゃなおう
大日如来の毘盧遮那（びるしゃな）にちなんでけられたという

↓

源九郎義経
◎九郎
源義朝の九番目の息子であることから付いた名
◎源九郎とも

↓

源九郎判官義経
一の谷の戦いに勝利した義経が朝廷より検非違使＝判官に任ぜられたことから

↓

源 左衛門少尉《さえもんのしょうじょう》 義経
同じく朝廷より左衛門府の尉＝判官に任ぜられたことから。左衛門府の尉は多く検非違使を兼ねた

↓

成吉思汗（ジンギスカン）？

九、歴史を動かした男「金売り吉次」

鞍馬寺を脱け出した義経を奥州に導いたと言われるのが「金売り吉次」という商人です。もっとも、吉次の実在性を証明する史料は残されていません。そのため、歴史学者の中には、架空の人物だと主張する人もいます。しかし、義経と奥州藤原氏の間に接点がまったくないことを考えると、吉次の存在を完全に否定することはできません。私は、やはり吉次のような商人が実際に存在し、義経を奥州に導いたと考えています。

当時の平泉は、奈良、京都に次ぐ第三の都市として栄え、都との間で盛んに交易が行われていました。都と平泉を行き来していた商人の一人が鞍馬寺で義朝の遺児である義経を見い出し、「これは高く売れる」と踏んで奥州に誘ったと考えるのが妥当でしょう。吉次の商魂たくましさは、日本の歴史を大きく変えることになります。

吉次が義経を見い出した（?）鞍馬の山中（京都・鞍馬）

十、奥州藤原氏の基礎は源氏が築いた？

鞍馬寺を出奔した義経は、長い旅路の末に奥州・平泉に辿り着き、藤原秀衡の庇護下に置かれます。平家全盛時に、なぜ秀衡が源氏の棟梁の息子である義経をかくまう危険を冒したかと言えば、恐らく、後に源氏の勢力が強くなったときに、義経を保護したという事実が利益になって返ってくると踏んだためでしょう。

もっとも、源氏と奥州藤原氏はもともと敵対関係にありました。一〇五一年、奥州の安倍頼時と当時の源氏の棟梁・源頼義の間に「前九年の役」と呼ばれる戦争が起き、藤原経清（秀衡の祖先）の離反に遭った源氏は大苦戦を強いられます。しかし、奥州の豪族・清原氏が源氏に味方したことで、辛くも源氏は勝利を収めることができました。戦後、功のあった清原氏が奥州の覇者となったのですが、一〇八三年、清原氏に内紛が発生し、これが奥州全土を巻き込む「後三年の役」に発展します。

この戦争を終結させたのが、頼義の息子・源義家でした。しかし、朝廷からは何の恩賞も与えられず、義家は空しく都への帰途に着きます。この後、奥州の覇者となったのが、義家の軍事援助を受け、清原氏を破った秀衡の祖父・藤原清衡なのです。源氏から見れば、藤原氏はまさに「油揚をさらったトンビ」以外のなにものでもありません。このときの怨念が、義経の時代になって爆発することになります。

源氏と奥州藤原氏の関係

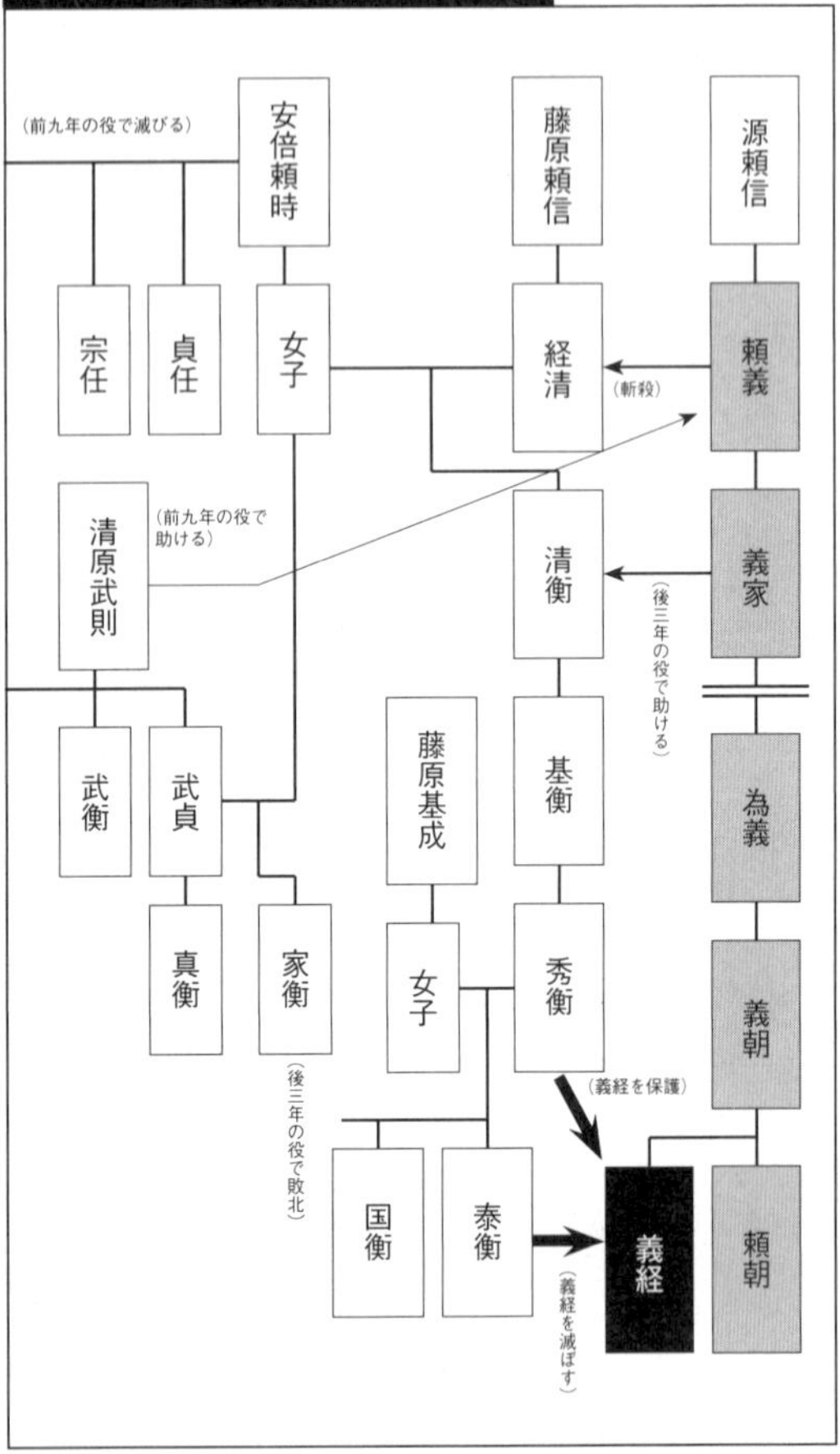

源氏と平家 編

歴史が動き始めた瞬間

時は義経が生まれる前、源氏と平家の興りにさかのぼります。
なぜ、平安末期に源平間で争いが行われたのか。
源氏と平家、そのルーツを辿っていくと、両者間の争いの原因が見えてきます。

そもそも「清和源氏」「桓武平氏」と呼ばれるように、源氏も平家も天皇家の血筋を引く一族でした。その中で、源氏は藤原摂関家と結びつき、朝廷内で勢力を保持しましたが、平家はその〝出世競争〟に乗り遅れ、源氏の後塵を拝します。しかし、藤原摂関家の勢力の減退と共に、源氏と平家の勢力図も徐々に逆転していきます。貿易に目をつけ、財力を蓄えていった平家が、源氏を凌駕し始めたのです。そして保元・平治という二つの戦乱が終わったとき、平家は全盛、そして源氏は、その血筋も根絶やしに近いくらい、ちりぢり、ばらばらにされてしまいました。

十一、源氏と平家は同じ天皇家の血筋

清和源氏、桓武平氏と言われるように、おのおののルーツは天皇でした。その高貴な血筋は、室町、江戸を通じて明治の時代まで約七〇〇年間、武士の棟梁として君臨し続けることになります。

もっとも、平清盛以前の平家は、武家として地方に定着するうちに身分が低くなってしまいました。それを清盛の父・忠盛が、豊富な財力に物を言わせ、殿上人《てんじょうびと》の地位を「買った」と言われています。

むしろこの頃までは、八幡太郎と尊称された源義家以降の源氏のほうが、天皇家や摂関家と近しい間柄にありました。しかし義家の嫡子・義親が朝廷に反逆を企てたり、院政が始まって摂関政治が衰退したことから、源氏と平家の地位は徐々に逆転していきます。

また、伊勢平氏の流れを汲む「海の民」平氏の中でも、特に忠盛、清盛は早くから貿易の利益に目を付け、財を蓄えていきました。この財力が、平家の繁栄をもたらすのです。

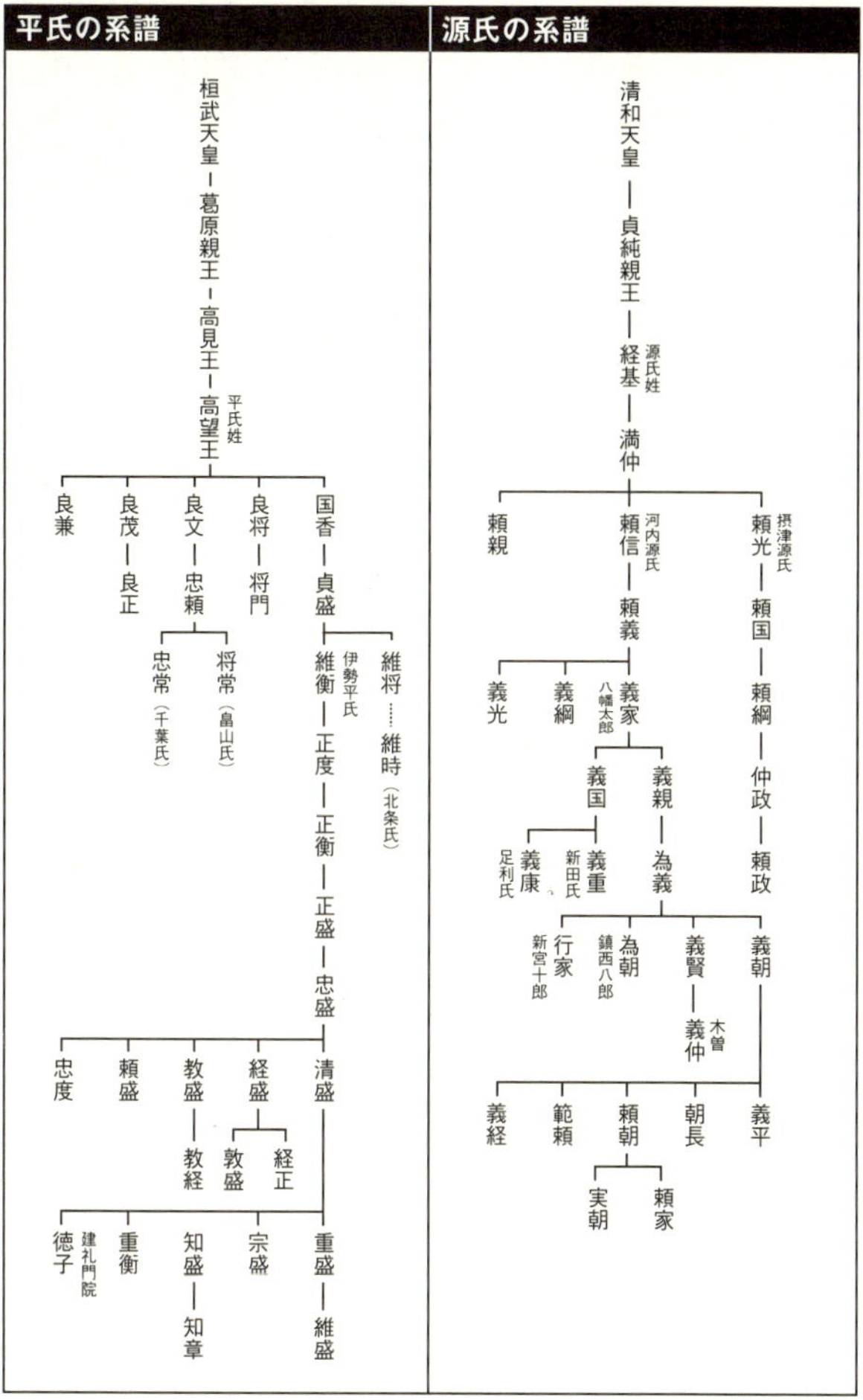
平氏の系譜
桓武天皇
葛原親王
高見王
高望王
平氏姓
国香
良将
良文
良茂
良兼
貞盛
将門
忠頼
良正
将常
（畠山氏）
忠常
（千葉氏）
維将
維時
（北条氏）
維衡
伊勢平氏
正度
正衡
正盛
忠盛
清盛
経盛
教盛
頼盛
忠度
経正
敦盛
教経
重盛
宗盛
知盛
重衡
徳子
建礼門院
維盛
知章
源氏の系譜
清和天皇
貞純親王
経基
源氏姓
満仲
頼光
摂津源氏
頼信
河内源氏
頼親
頼国
頼綱
仲政
頼政
頼義
義家
八幡太郎
義綱
義光
義親
義国
為義
義重
新田氏
義康
足利氏
義朝
義賢
為朝
鎮西八郎
行家
新宮十郎
義仲
木曽
義平
朝長
頼朝
範頼
義経
頼家
実朝

十二、武士の興りは歴史の必然？

「武士」の起源は農民です。農民が武装し、後に武士となったのです。なぜ、農民は武装する必要があったのでしょうか。奈良時代、墾田永世私財法によって土地の私有が認められるようになり、農民はせっせと開墾に励みました。しかし、権利自体は貴族が握っていたため、土地所有は極めて不安定な状態にあったのです。ちょっとでも油断すれば、誰かに奪われる可能性もあった。自分の手で開発した土地には、誰しも強い執着があります。ですから、他人から土地を守るために農民は武装したのです。加えて、平安時代の中頃に、朝廷が軍隊（警察機能）を放棄したことも農民の武装化に拍車をかけました。自分の身は自分で守らなくてはならなくなったのです。

十三、土地こそが武士の絆

「一生懸命」という言葉がありますが、これは〝一所懸命〟が変化したものです。文字どおり、「一つの所（土地）に、命を懸ける」という意味で、平安時代以降に生まれた言葉です。この言葉からも、いかに当時の武士が土地に対して強い執着心を持って

いたかがわかります。

しかし、律令政治のもとでは、農民（武士）に土地の所有権は認められませんでした。逆に言えば、「国家からも認められた土地の正式な所有者になりたい」というのが当時の武士階級全体の悲願だったのです。

頼朝が登場して「武士の権利」を確立するための政権樹立を標榜すると、多くの武士が頼朝のもとに集まりました。土地の権利を獲得するために、武士たちは団結したのです。

十四、平清盛は優れた政治家だった？

貴族化した〝まがいもの〟武家政権だったとはいえ、日本で初めて武士の政権を開いた人物が平清盛です。平治の乱で源氏勢力を一掃すると、とんとん拍子に出世し、太政大臣《だいじょうだいじん》（注）にまで上り詰め、平家の全盛時代を築きました。

清盛は、国内交易の振興に努め、また神戸港を拡張して中国と〝日宋貿易〟を行うなどして、巨万の富を得ました。後に覇者となった頼朝や義経の父である源義朝を殺害したことから悪いイメージを持たれていますが、その実像は優れた政治家だったのです。

（注）律令時代の太政官最高位。適任者がいない場合は欠員となった、一種の名誉職。

しかし、一族を朝廷の高位につけ、我が子を天皇の妃にするなど政権の専横化を進めたため、貴族や寺社の反発を招き、また全国の武士の反感を買いました。

一一八〇年、全国に〝反・平家〟の気運が高まる中、頼朝が関東で挙兵。直後、清盛は原因不明の熱病に冒され、六三年の生涯を閉じました。最後の言葉は「供養は要らぬ。わしの墓前に頼朝の首を供えよ」だったと伝えられています。

十五、源平合戦の始まり 保元・平治の乱

源氏と平家は、〝日本史上最大のライバル〟と言っても過言ではありません。両者の武力衝突は、平安時代中頃からたびたび行われてきましたが、いわゆる〝源平合戦〟の始まりとされるのは、一一五六年の「保元の乱」です。

保元の乱は、後継者を巡る後白河天皇と崇徳上皇の争い、摂関家の藤原忠通と藤原頼長兄弟の反目という宮廷の権力争いがもとで始まりました。この争乱に際し、源平はともに天皇方と上皇方に分かれ、まさに〝骨肉相はむ〟かたちで争うことになります。

源氏は、源為義とその八男為朝が崇徳上皇方につき、為義の長男であり頼朝・義経の父である源義朝は後白河天皇方につきました。一方の平家は平清盛の叔父である平忠正が上皇方につき、清盛は天皇方に与することになります。

けっきょくは、義朝・清盛を擁する後白河天皇方が勝利を収めることになりましたが、この戦いによって貴族の無力化が露呈し、以降、勢力を強めた武士（義朝・清盛）の政界進出が促されました。

保元の乱の三年後、さきの戦いで戦功のあった義朝と清盛との間に勢力争いが生じ、それに後白河上皇の寵臣、藤原通憲（信西）と藤原信頼の対立とが結びつき、「平治の乱」が勃発します。この戦いは、まさに当代の源平両氏を代表する勢力である義朝と清盛との〝総力決戦〟の様相を呈していました。

平治の乱は、清盛の圧勝のうちに終わります。敗れた義朝は都から脱出しますが、尾張で配下の長田忠致に殺されてしまいました。さらに義朝の長男・義平は六条河原で斬首の刑に処せられ、頼朝・義経は囚われの身になります。

戦後の論功行賞によって、清盛は武士としては初めて正三位に叙せられ、後には太政大臣にまで上り詰めることになります。

この戦いによって、清盛の時代――すなわち平家の全盛時代が到来し、敗れた源氏は、もはや再起不能と言われるまでに衰退していきました。しかし、清盛の情けによって死刑を免れた頼朝・義経兄弟は、奇跡的な活躍を遂げることになります。

赤旗の平家軍と白旗の源氏軍の攻防が描かれている
(「保元平治の乱屏風/平治の乱」、仁和寺蔵)

十六、義経、頼朝の父 義朝の実像

源義朝は、保元の乱では平清盛とともに後白河天皇方につき、父・為義、弟・為朝らと戦いました。戦いには勝利しましたが、その義朝に与えられた使命は「父の処刑」であり、義朝はそれを実行したのです。この「反道徳的行為」によって、義朝は世界史上にも類を見ない希有な存在となりました。そして、その「反道徳的行為」を強要するほどにモラルが低下したからこそ朝廷の世は終わったのだとする歴史学者もいますが、私はそうは思いません。その理由は六二ページなどで示したとおりです。

十七、天才は義経のみならず 恐るべき源氏の勇者たち

軍事の天才・源義経、緒戦で平家を撃ち破った木曽義仲ら、後年の名将以前にも、源氏には一騎当千の兵（つわもの）がいました。八幡大菩薩の旗印のもと、戦場を駆け抜けた英雄たち。保元・平治の乱で敗れこそすれ、平家を震え上がらせた鎮西八郎為朝、〝悪源太〟の異名を持つ源義平がそれです。

源義平（悪源太義平）

保元の乱の為朝と同様、平治の乱において敵方の平家から恐れられた存在が、〝悪源太〟こと源義平だ。鎌倉周辺で育ち、15歳の時に所領争いから叔父・源義賢（木曽義仲の父）を武蔵国大倉館で討ち、名を挙げた。「悪」とは「悪人」のことではなく、「強い者」の意味。

平治の乱では父・義朝に従い奮戦。平重盛軍と戦い、一時はもう少しのところで重盛の首を挙げるところまで追いつめた。しかし奮戦も実らず、味方は敗退。兵を募るために飛騨へ向かう。しかし、父・義朝が殺されたことを知ると、清盛を討つため京都に戻り潜伏。そこで発見され、捕らえられて、六条河原で斬首された。『平治物語』によれば、処刑の前、斬り手の難波経房に向かって「雷神となって経房以下の怨敵を伐たん」と言い放ち、さらに斬首されるとその死体が自分の首を抱え込んで離さなかったという。その後、経房は摂津で本当に雷に打たれて死んだと言われる。

源為朝（鎮西八郎為朝《ちんぜいはちろう》）

源為義の第八子で、義朝の弟。つまり、義経や頼朝の叔父に当たる。身長７尺(約210センチ)、左手の長さが右手より４寸(約12センチ）長く、弓の射手として生まれてきたような人物だった。幼い頃から乱暴者で、手がつけられなくなった為義から九州に追放されるが、今度は九州で大暴れし、15歳で地元の武士を従えてしまった。あまりの傍若無人ぶりに朝廷は為朝を都に呼び戻そうとするが、為朝が従わないため、為義の検非違使の職を取り上げてしまう。さすがの為朝も父のために朝廷の意に従い、そこで保元の乱に参加することになる。

父・為義とともに崇徳上皇方についた為朝は、後白河天皇方についた兄義朝・平清盛の連合軍と激突、そこで神業とも思える弓の腕を披露し、敵方の多くは為朝の矢に串刺しにされた。兄・義朝に対しては、殺すわけにはいかないので、義朝の兜の星に命中させるという絶妙のコントロールを見せた。

しかし、為朝の奮戦も空しく、崇徳上皇方は敗北。為朝は近江に逃れるが、病に倒れたところを捕らえられる。そして二度と弓を射ることができないよう、肘の筋を切られ、八丈島に流された。しかし、ここで終わらないのが為朝のすごいところで、傷が癒えると伊豆七島を従えて勢力を拡張した。最後には伊豆から為朝追討軍が向けられるが、なぜか為朝は追討軍と交戦することなく、幼い息子と共に自害して果てた。

十八、武士はその血を忘れない平家の勇者たち

清盛の時代に公家化してしまった平家一門ですが、いざ戦となれば、歴戦の勇者たちがまだまだ残っていました。義経軍との死闘に敗れたものの、最後まで潔く戦った平家の兵たちの中には、こんな人物がいました。

平知盛《とももり》

平清盛の第五子と言われる。知勇の武将として知られ、弱気な大将・宗盛を補佐して平家軍を統一した。一の谷では大手の大将を務めるが、義経の奇襲に敗退。息子・知章の命がけの援護で危機を逃れるが、息子を見殺しにしたことが後々まで彼を苦しめた。壇の浦の合戦では、彼の計略が阿波民部重能の裏切りで義経側に筒抜けになり、重能を斬らなかったことを後悔した。しかし、最期は「見るべき程の事は見つ」として、潔く海中に身を投じた。

平敦盛《あつもり》

清盛の弟・経盛の子。笛の名手。屈強の武将というよりは風流人としての性格が語り継がれており、鳥羽院から賜った「青葉の笛」を生涯、肌身離さずにいた。しかし一の谷の合戦で敗走中、敵方の熊谷次郎直実から呼び止められると、引き返す必要がないにもかかわらず、直実との一騎打ちに挑む。結果的に直実に敗れるが、直実は敦盛の若さと美しさに、首をかくのをためらった。そして、ちょうど息子と同じくらいの敦盛を殺した苦しみから、直実は後に出家して、敦盛の菩提を弔った。

平教経《のりつね》

「王城一の強弓（つよゆみ）・精兵（せいびょう)」にして、平家最強の将軍。屋島の戦いでは、その弓で義経を狙うが、義経の家臣が盾となって防いだため、義経は事なきを得た。このとき佐藤三郎継信らが、義経の身代わりとなり、教経の矢に倒れている。壇の浦の合戦でも教経は、義経に一騎打ちを求めるが、義経は「八艘飛び」でその挑戦を避けた。最大の標的である義経を逃すと、教経は自ら海中に身を投じた。

義経と兄・頼朝 編

奇跡を生み、歴史を変えた兄弟

源頼朝。義経の異母兄にして恐るべき強運の持ち主であったこの人物の登場により、時代の流れは大きく変わろうとしていました。

兄たちが殺されたにもかかわらず、敵方である清盛の母に命を救われただけでも幸運でしたが、さらに伊豆に流され、在郷武士が何を望んでいるかをその目で見、理解してきた経験が、後に武士の頂点に立つ大きな要因となるのです。

全てが目に見えない力に動かされているように、頼朝は時に自身の意思とは関係なく何度も奇跡を起こし、ついには反平家の旗揚げを実行します。しかしその軍事行動は、見事に失敗。

ところが時代はその絶体絶命の危機からも頼朝を生かし、反平家の軍を再び起こさせるのです。そこに訪れたもう一つの奇跡が、義経という軍事的天才の登場でした。まさに、平家と天下分け目の合戦を行う、この時しかないというタイミングで、義経は頼朝の前に現れたのです。

十九、奇跡の人・源頼朝

義経が〝軍事の天才〟なら、兄の頼朝は〝奇跡の人〟です。織田信長やナポレオンがそうだったように、歴史上の英雄というのは、人生において必ず一度は「奇跡」を起こしているものです。しかし、頼朝ほど、この理が当てはまる人物は、ほかには存在しないのです。

平治の乱後、流罪となった頼朝は、伊豆に二〇年間も幽閉されます。源氏の御曹子が直属の軍団どころか部隊すら持つことも許されず、従ったのは、身の回りの世話をするわずかな郎党だけでした。

しかも、平家は着々と勢力を伸ばし、最盛期には、その知行国（直轄国）は日本全国の半分を占め、残りの半分もほぼその勢力下にありました。このような状況から頼朝は兵を挙げ、天下を取ったのです。これはもう、〝奇跡〟以外のなにものでもありません。

いったいなぜこのような奇跡が起こったのでしょうか。しかも頼朝の身に起きた奇跡は一つだけではなく、幾つもの奇跡が重なりあい、彼を天下人にしたのです。その奇跡の〝タネ〟を、一つずつ解き明かしていきましょう。

「伝源頼朝」。実際は足利尊氏の弟、直義の肖像ではないかとも言われている（神護寺蔵）

二十、奇跡その一——平清盛の母に助けられた偶然

一つ目の奇跡は、皮肉なことにライバルの平家によって流罪にされたことです。そもそも〝謀反人の子〟として捕らえられた頼朝は、当時の慣わしとして、死刑になるはずでした。

しかし、ここで奇跡が起こります。ひょんなことから、清盛の義母・池禅尼《いけのぜんに》が、頼朝が若死した自分の息子（清盛の異母弟）に似ていることを知り、清盛に対して頼朝の助命を嘆願したのです。

当初、清盛はこの嘆願を突っぱねました。武士の子は若武者に成長し、将来の禍根となる恐れがあるからです。しかし、情にもろい清盛は池禅尼の泣き落としに折れ、ついに前言を翻し、頼朝を殺さずに伊豆の蛭ヶ小島に流すことを決めます。けっきょく池禅尼のこの嘆願が、平家を滅亡させるきっかけを作ったことになります。

頼朝が配流された蛭ヶ小島。現在は田園に囲まれた公園にひっそりと石碑が立っている（静岡・韮山）

北条時政の屋敷跡と言われている敷地の一角にある政子の誕生地「政子産湯の井戸」（静岡・韮山）

ただ、死刑は免れたものの、当の頼朝はこのとき「自分の人生は終わった」と思ったことでしょう。

二十一、奇跡その二――流人生活で武士を統率する術を学んだ？

一四歳で伊豆・蛭ヶ小島に流された頼朝は、三四歳になるまで約二〇年間をこの地で過ごしました。「人間五〇年」と言われた当時の三〇代は現代の四〇代～五〇代に匹敵します。いわば人生の〝実り〟の期間を、頼朝は終身刑の囚人として過ごしたのです。

しかし、現実には、この流罪が頼朝に幸運をもたらします。仮に、平治の乱の敗戦がなく、源氏の御曹子として都にとどまっていたら、頼朝は世間知らずの若殿として生涯を終えていたかもしれません。罪人として地方へ送られたことで、かえって地方武士の生態を学ぶことができたのです。

当時、平家による武家政権の誕生によって、多くの武士が「ようやく土地の所有権が認められる」と期待しましたが、意に反して平家は貴族化してしまいます。頼朝は都から遠く離れた伊豆で暮らしたことで、こうした武士たちの不満を知る機会を得たのです。

このことが、後に鎌倉幕府を作る際に、大きく役立ちました。頼朝は挙兵に当たり、「武士の権利」を確立する政権の樹立を目指し、多くの武士の共感を得たからです。

石橋山合戦では平家軍に属し、後に頼朝に従事する梶原景時が描かれている（「石橋山合戦」、勝川春亭画、藤沢教育委員会蔵）

北条氏ゆかりの寺「成福寺」。ここには、歴代の北条一族の供養塔がある
（静岡・韮山）

二十二、奇跡その三――流人・頼朝に賭けた北条時政の慧眼

頼朝のもう一つの奇跡は、伊豆に流されたことで、自分の手足となって働いてくれる〝腹心〟の部下を得たことです。それも一人ではなく、〝一族〟すなわち北条時政を頭とする北条一族でした。北条氏は、後に有能な人材を多く輩出し、北条執権政治を司ることになる優秀な一族です。そんな彼らが、〝たまたま〟頼朝の流罪地の目と鼻の先にいたのです。もし、蛭ケ小島《ひるがこじま》のすぐ近くに北条一族がいなかったら、日本の歴史は大きく変わっていたかもしれません。北条氏の支援がなければ、頼朝は打倒平家の兵を挙げることはできなかったはずなのです。

　なぜ時政は頼朝に味方したのか？　彼には、平家政権の崩壊をある程度予測していたのではないかと思えるふしがあります。たとえば自分の娘・政子（後の北条政子）を頼朝に嫁がせました。当時の頼朝の立場は、〝天下の大罪人の息子〟です。そんな男を娘婿に迎えれば、〝平家に反逆の意志あり〟ととられ、家が滅ぼされる危険性があったにもかかわらずです。時政には、歴史の流れが読めていたに違いありません。一一八〇年、時政の後ろ盾を得て頼朝は、〝反・平家〟を掲げ挙兵します。

二十三、奇跡その四――石橋山合戦大敗北からの奇跡的生還

挙兵した頼朝は、いきなり大ピンチを迎えます。反乱を知った平家が、関東武士たちに頼朝の首を取るよう命じたのです。

このとき頼朝追討軍の総大将に選ばれたのが、大庭景親《おおばかげちか》でした。景親は三〇〇〇騎の兵を動員して、頼朝の追撃を開始しました。対する頼朝軍は、わずか三〇〇騎に過ぎません。

当時、頼朝軍は、頼朝に呼応して挙兵した三浦一族や平広常らの軍と合流するために、相模灘沿岸を東に向っていました。景親は、その途中にある石橋山に陣を構え、頼朝軍を待ち伏せしていました。

行く手の山中に敵の姿を発見した頼朝は引き返そうとしますが、背後には平家方の別の武将、伊東佑親が迫っていました。

多勢に無勢。しかも、挟み撃ちです。圧倒的多数の平家軍の前に、頼朝軍はなす術もなく崩れていきました。

本来なら、頼朝はここで討ち取られているはずだったのですが、奇跡が彼を助けます。

このとき、頼朝は石橋山の山中に逃れ、木の〝うろ〟に隠れていたところを、敵方の武将、

梶原景時に見つかってしまいます。観念した頼朝は自害を決意しますが、ここで、なんと景時が自害を押しとどめ、逃がしてくれたのでした。

こうして、頼朝は絶体絶命のピンチから脱出することができたのです。

二十四、奇跡その五——歴史が引き合わせた天才・義経

頼朝にとって最大の奇跡は、日本史上最高とも言える軍事指揮能力を持った人物がこの時期に出現し、頼朝の陣営に加わったことです。その人物とは、言うまでもなく、弟・義経です。

頼朝が、挙兵からわずか五年という短い期間で平家を滅ぼすことができたのは、主に義経の力によるものです。平家には、〝貴族化して柔弱化した武家集団〟というイメージがありますが、実際は違いました。特に、ホームグラウンドである西日本では、軍事・経済両面で圧倒的な力を持っていたのです。そんな平家がごく短期間で滅亡してしまったわけですから、これはもう、一つの奇跡と言わざるを得ません。

頼朝挙兵当時、義経は奥州・平泉の藤原秀衡のもとに身を寄せていました。しかし、幼い頃に生き別れになった兄の挙兵とその後の奮戦を知ると、頼朝軍を助けるべく、武蔵坊弁慶ら腹心の部下と三〇〇余騎の兵を引き連れ、一路関東を目指します。

一一八〇年一〇月、史上有名な「富士川の戦い」に勝利して駿河（静岡県）の黄瀬川に逗留していた頼朝のもとに義経が到着し、兄弟は対面を果たしました。そのときの様子を『義経記』では、「互いに往事を談じ、懐旧の涙を催した」と伝えています。ともあれ、こうして義経が頼朝陣営に加わることになりました。

ところで、もともと頼朝軍の総大将を務めていたのは、源義朝の六男に当たる源範頼（頼朝の異母弟、義経の異母兄）です。ただ、範頼は西日本ではけっして平家に勝つことができませんでした。そこで、頼朝は指揮官である範頼を更迭し、義経を総大将に任命しました。

代わった義経は、初めて西日本で平家を撃ち破り、それどころか連戦連勝して平家を滅亡させてしまったのです。指揮官が代わった

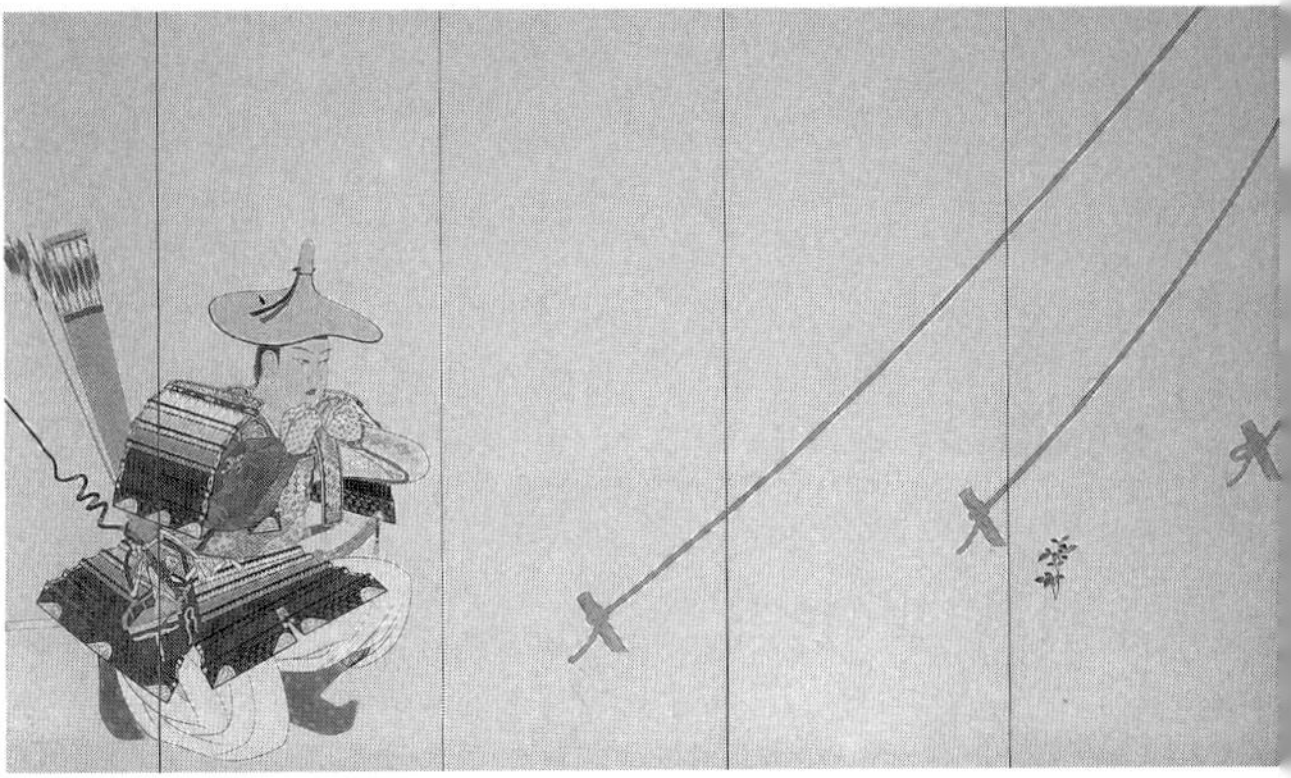
頼朝が富士川で勝利を治めた翌日、頼朝（右）と義経（左）は対面を果たす
（「黄瀬川陣」、安田靫彦画、東京国立近代美術館蔵）

とはいえ、実戦部隊である武士団が交替したわけではありません。ですから、平家追討は、まさに義経という軍事の天才の能力によって成し遂げられたものなのです。

つまり、義経がいなければ、平家があのように呆気なく滅びることはなかったはずなのです。

二十五、頼朝を助けた重臣たち

流人であった頼朝が、当時の日本の一大勢力である平家を撃ち破ることができたのは、数々の奇跡が重なり合ったためですが、ここで紹介する東国の有力武士団や、京都から招いた文官の協力なくして、旗揚げの成功はありえなかったでしょう。

和田義盛

頼朝が信頼した武将の一人で、侍所の初代長官に抜擢され､軍事の最高権力者となる。武芸､特に弓矢に優れ､源平合戦や奥州征討の際も活躍したと言われる。しかし、頼朝の死後、執権・北条義時に反旗を翻し、その戦の中で命を落とした。義時は、頼朝や父・時政の死後も隠然たる勢力を持つ義盛を討つため、謀反の疑いで義盛の一族を捕らえ、挑発したとも言われている。

三浦義澄

老齢の父・義明に代わって三浦一族を率い、頼朝の旗揚げとその後の政権確立に貢献したのが三浦義澄である。壇の浦の戦い、奥州征討の際に軍功を立てたが、甥の和田義盛と反対に温厚な性格であったため、あまりドラマチックな逸話などは伝えられていない。義澄は頼朝の厚遇を受け、頼朝の死後間もなく74歳の長寿をまっとうした。三浦一族はその後、北条氏に滅ぼされる。

大江広元

曾祖父が､後冷泉以降､五朝に仕えた正二位権中納言･大江匡房という学者の血筋を引く。京から頼朝に招かれて鎌倉幕府に入り、公文所の別当（長官）となった文官政治家。法律にも通じ、頼朝の信頼厚く、後に政所の長官も兼ねた。守護・地頭の設置も、広元の献策と言われる。頼朝亡き後も、北条政子や義時と手を結び北条氏の執権政治の基礎を固めた。

安達盛長

頼朝が伊豆の蛭ヶ小島に流された時代からその側近として仕え、信頼を得る。頼朝旗揚げの際には、波多野氏や大庭氏など相模の武士たちに蜂起を呼びかけた。奥州征討や頼朝の二度の上洛にも従軍。頼朝の死後は二代将軍・頼家のもとで、合議制の13名の宿老の一人に加えられ活躍し、66歳で死去。盛長の死後も安達氏は、鎌倉時代に隆盛をきわめた。

二十六、平家から源氏へ——きっかけを作った人物・源頼政

頼朝は自ら進んで挙兵したわけではありません。実際には、〝やむなく〟挙兵したかっこうだったのです。当時、諸国の武士たちの間では平家の専横に対する不満が高まっており、都でも、〝成り上がり〟の平家に対する貴族の反感が高まっていました。

そうした状況の中、平家の台頭によって出世の道を断たれていた後白河法皇の次男・以仁王《もちひとおう》が、平家追討の「令旨《りょうじ》」を出し、それが全国の源氏に伝えられたのです。このとき、以仁王に令旨を出すよう説いたのが、源頼政でした。

宮中に夜な夜な出没した「鵺《ぬえ》」を退治したという伝説を持つ頼政は、平治の乱で平家に味方したため、没落した源氏の中で唯一、都で厚遇されていた人物です。以仁王はこの頼政の説得に応じて令旨を与え、令旨は頼朝・義経の叔父である新宮行家によって、密かに全国に伝えられたのでした。

しかし、令旨の存在は、すぐに平家の知るところとなりました。激怒した清盛は「源氏追討令」を発布し、伊豆で静かに暮らしていた頼朝の身にも危険が迫りました。追い詰められた頼朝がこのとき採った選択、それが「挙兵」だったのです。頼政の暗躍と以仁王の令旨がきっかけとなり、時代は「平家から源氏」へと大きく動き始めることになりました。

頼政は頭が猿、尾が蛇、手足が虎のような怪獣、鵺を退治したことで有名
（「あづまにしきゑ」、国立国会図書館蔵）

二十七、木曽義仲と義経の共通項

頼朝の挙兵に遅れること二〇日余り、頼朝・義経の従兄弟、木曽義仲が木曽の山中で挙兵します。義仲の挙兵も頼朝同様、きっかけは源氏追討令によって平家方に襲われたためでした。

義仲の挙兵には、もちろん「打倒平家」という目的もあったのでしょうが、頼朝に負けたくないというライバル意識も大いに働いたはずです。義仲の父・源義賢は、保元の乱時に崇徳上皇に味方し、義経の兄・義平に討ち取られています。つまり、義仲にとっては、頼朝はいわば「父の仇の弟」になります。頼朝の挙兵が万一にも成功すれば、頼朝が源氏の第一人者として都に返り咲くことになってしまう。「それだけは許せない」という思いが、義仲を挙兵に踏み切らせたのだろうと考えられます。

さて、兵を挙げた義仲は一一八三年、「倶利伽羅峠《くりからとうげ》の戦い」で平家軍を撃ち破り、入京を果たしました。一方の平家は、幼い安徳天皇と三種の神器を伴って、都を脱出しました。都から平家を追い払った義仲は、朝廷から〝左馬守〟に任ぜられるなど、我が世の春を謳歌しますが、その栄華は長くは続きませんでした。

というのも、皇位継承を巡って後白河法皇と対立し、さらに義仲軍の兵士があちこ

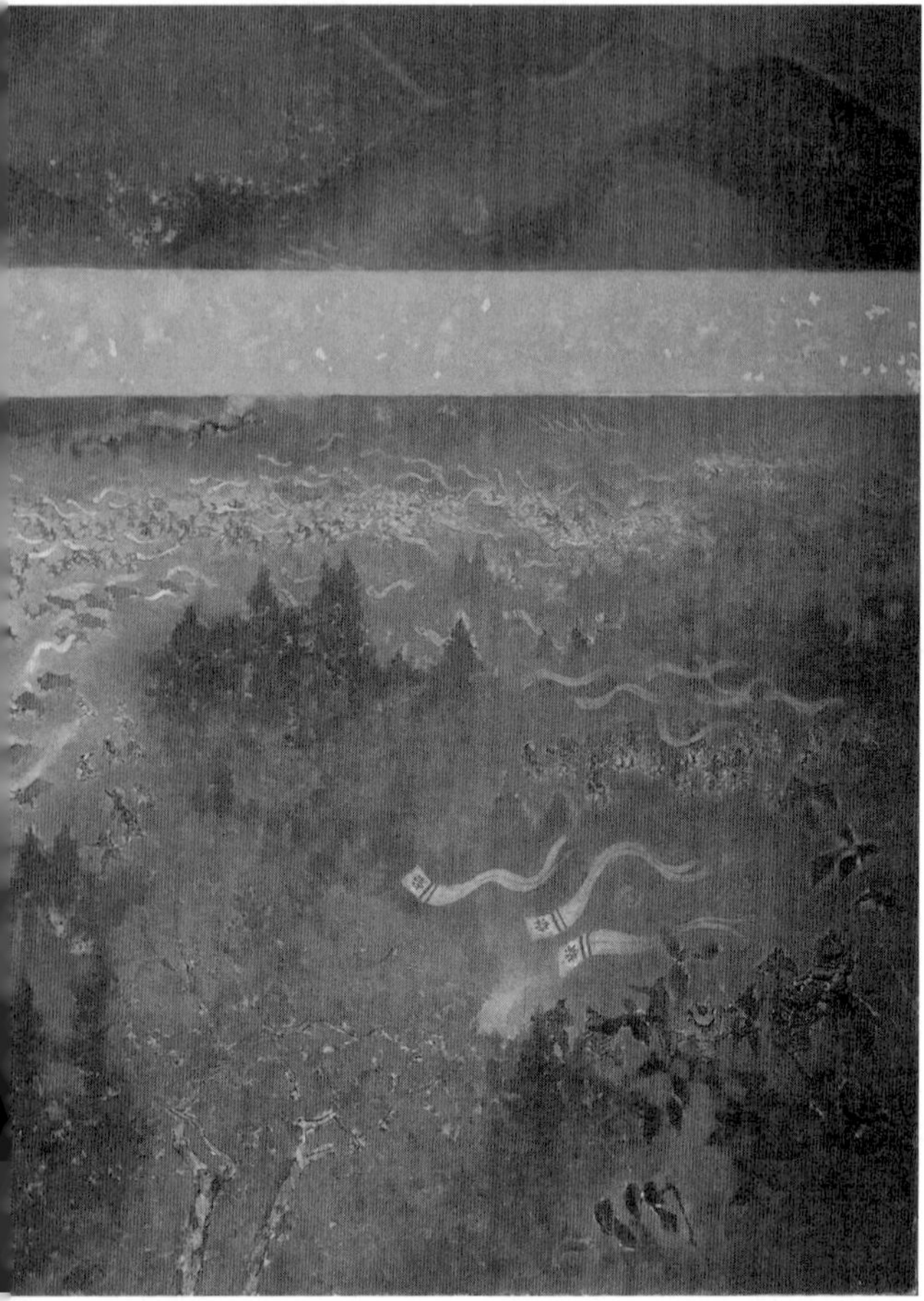

義仲は夜更けに角に火をつけた牛を平氏軍に向けて放つという奇襲作戦で勝利した
（「倶利伽藍の戦い」、田屋幸男筆、資料提供：日義村役場）

ちで略奪を働いたため、義仲は次第に朝廷からも庶民からも疎まれるようになっていったからです。

けっきょく、後白河法皇から「義仲追討」の院宣を受けた頼朝が、追討軍として範頼・義経軍を京に派遣し、都から義仲を追放しました。義仲は、主従わずか七騎で落ち延びていく途中、近江の粟津で深田に馬がはまったところを矢で射られ、殺害されました。末路は悲しいものでしたが、平家を都から追い払った義仲の功績は非常に大きいと思います。

ところで、仮にこのとき、義仲が範頼・義経軍に敗れることなく都にとどまっていたとしたら、彼は後に頼朝が開いた鎌倉幕府のような武士政権を樹立できたのでしょうか？　恐らく、無理だったでしょう。義仲は軍人としては非常に優秀でしたが、頼朝のような「これからの政権はどうあるべきか」というグランド・デザインを持っていなかったので、恐らく平家政権と同じような政権を作り上げ、けっきょくは頼朝に倒されることになったと思います。

後の義経も同じような運命を辿りますが、義仲と義経の共通項は、「優れた指揮官、必ずしも優れた政治家に非ず」ということなのです。

二十八、悲劇の女傑・巴御前

巴御前は木曽義仲の愛妾の一人です。「木曾四天王」と言われた義仲の家臣、樋口兼光、今井兼平の妹と言われ、義仲とは幼馴染みで、成人してから愛し合うようになったと伝えられています。

大変な美人でしたが「鬼のような女」と評されたほど、武芸に長けた女性でした。義仲の一連の戦いにも参戦し、自ら弓矢をとって平家軍や範頼・義経軍と戦っており、一説には、源氏の猛将・畠山重忠と一騎討ちを演じたとも言われています。

一一八四年、宇治川の戦いで敗れた義仲は、近江に逃れました。このとき、義仲に従う者はわずか七騎で、その中に巴もいました。

義仲は「女の身でよくついてきてくれた。これ以上はいい。お前は女だ。ここから逃げよ」と言いますが、巴は拒否しました。

義仲はさらに「男が最期の時、女と一緒にいたら笑われてしまう。どうか我が男前を立ててはくれないか」と、巴を説得します。

結局、義仲に諭されて、彼女は泣く泣く戦線を離脱しました。このとき、一説には、巴は馬に鞭を当てて敵陣に突入し、さんざんに敵を打ち破ったと言います。そして武

粟津ヶ原（滋賀県大津市）で義仲は最期を迎えた
（「竪大判錦絵近江八景 粟津晴嵐」、歌川広重画、大津市歴史博物館）

義仲の愛妾で数々の戦に参加した女武将（「巴御前」、勝川春亭画、北九州市立美術館蔵）

具を脱ぎ捨てると、そのままいずこともなく走り去ったとも言われています。
いずれにしても、その後の巴の行方は、ようとして知れません。

二十九、密かなキーマン・源行家

源行家は、頼朝、義経らの叔父にあたる人物です。以仁王の令旨を持って全国の源氏勢力に働きかけ、平家追討に一役買います。しかし武将としての能力には疎く、当初、頼朝軍に加わりますが、指揮能力の欠如から惨敗を重ねます。そのうち頼朝から疎ましがられ、行き場を失ったところを哀れに思った木曽義仲に拾われます。義仲とともに京に凱旋し、朝廷から官位を与えられましたが、位が義仲より低かったことに腹を立て、朝廷に対して義仲の讒言を行ったため義仲とも不和になり、京を離れました。

義経の天才的戦術 編

不可能を可能にした騎馬戦術の妙

天才は、誰もが予測し得ないことをやってのける。義経がまさにそれでした。

彼の輝かしい戦歴となった一の谷、屋島、そして壇の浦における戦いは、時代を超えて多くの人たちに語り継がれ、今では多くの人たちが知っています。しかし、騎兵隊による奇襲攻撃など、数々の奇想天外な戦術を、約八〇〇年前の日本において、義経以外に考えつく大将はいませんでした。

義経の活躍で、全国をほぼその手中に収めていた平家も、敗戦に次ぐ敗戦を重ね、ついには壇の浦に追いつめられます。誰もが予想しなかった、源氏と平家の大逆転劇。ここでも、また奇跡が起ころうとしていたのです。

三十、平家を撃ち破った義経戦術のツボ

義経の初陣は、奇しくも同胞の義仲を討つための戦になりました。兄・範頼と共に大軍を率いて都に向った義経は、「宇治川の戦い」で義仲軍を破り、緒戦を飾ります。もっとも、この戦いでは、義経はさほど目立った活躍は見せていません。〝軍事の天才〟としての義経の本領が発揮されるのは、これ以降の戦いになります。すなわち、「一の谷」「屋島」「壇の浦」の戦いです。この三つの合戦の経緯については、後の頁で解説するので、ここでは義経が天才と言われるゆえん、その奇抜な戦術について説明しましょう。

義経のすごさは、「騎兵の集団運用」という戦術を発明したところにあります。平安から鎌倉時代にかけての武士の戦闘スタイルは、主に「一騎討ち」で、お互いに堂々と名乗りを上げて一対一で勝負するというのが基本的な戦い方でした。「集団戦術」という概念はなかったのです。そのため馬は一騎討ちを行うための〝道具〟と考えられていました。これは、「武士は勇気を見せるものだ」という思想と、与えられる「恩賞」の単位が対象だったことに起因しているようです。

後に鎌倉幕府が中国・元の侵略（元寇）を受けた際、鎌倉軍の武士たちは、このスタイルに則って一騎駆けで敵陣に突っ込んでいきましたが、集団戦術を用いる元軍の前に、

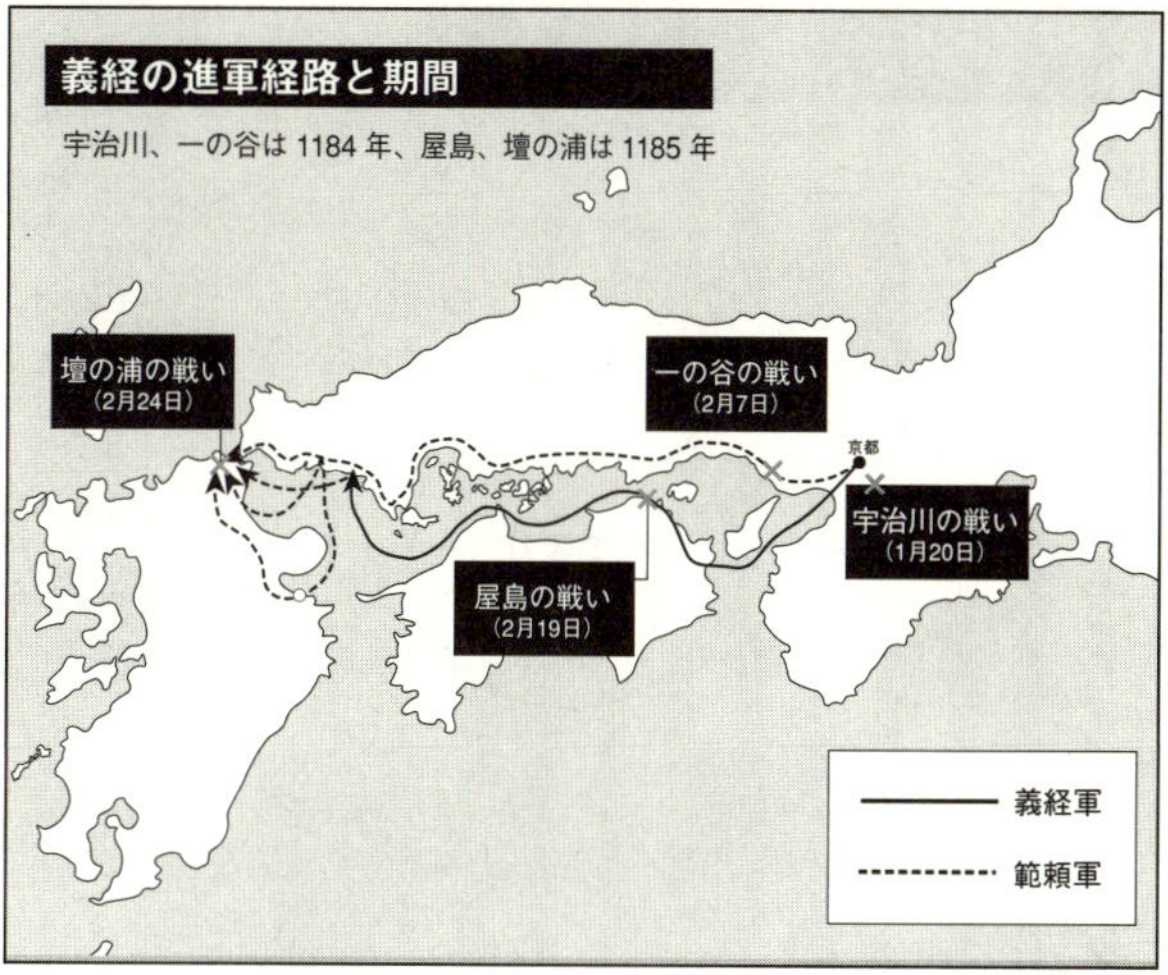

むざむざ討ち取られてしまったというエピソードが残されています。義経の時代から一〇〇年近く経ったこのときでさえ、武士たちは依然として一騎討ちにこだわっていたのです。

それより遥か以前に、義経は騎兵を集団として運用し、騎兵の特徴である長距離移動による奇襲という戦術を発明して平家軍を撃ち破っているのです。後世、織田信長が桶狭間で今川義元を討ち取った際に、騎兵集団による奇襲戦術を使用しましたが、これを除くと、明治維新以前の日本で、騎兵の機動力を奇襲に活用した例は他には見られません。義経はまさに天才だったのです。

三十一、義経がいなかったら日本は「三国志」状態に

頼朝が旗揚げした頃の
源氏、平氏、奥州藤原氏の勢力図概略

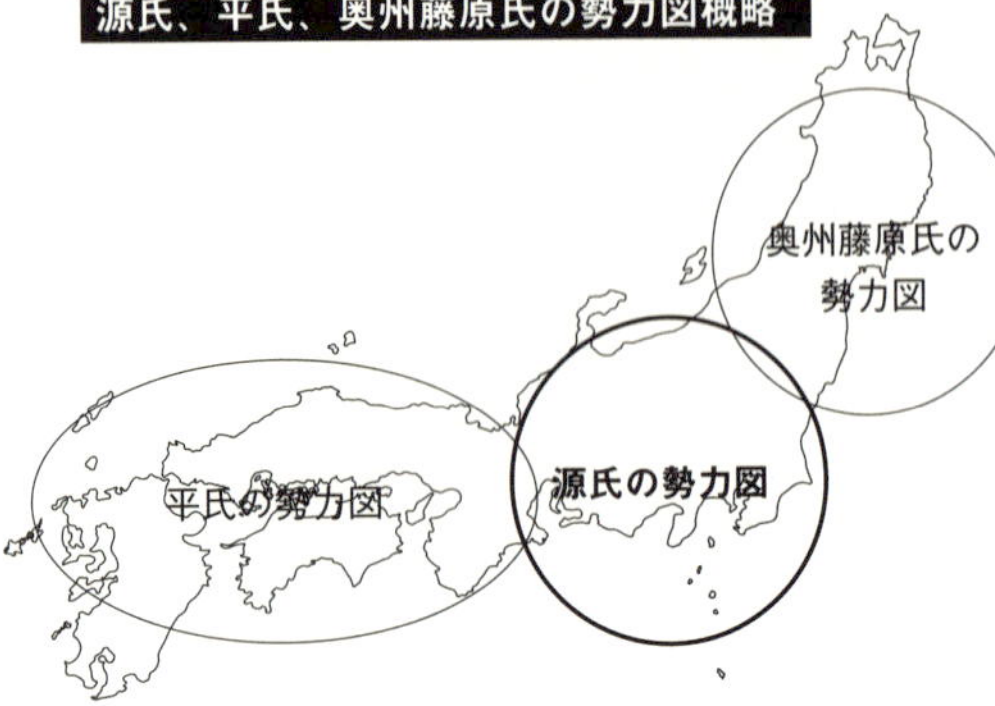

義経は、誰もが不可能と思っていた平家追討を、ごく短期間のうちに成し遂げてしまいました。義経がいたからこそ、平家は呆気なく滅んでしまったのです。では、もし義経が存在しなかったとしたら、日本はどうなっていたでしょうか。

ひょっとすると、日本は三国志の時代の中国のような状態になっていたかもしれません。『三国志』では、漢帝室を中心としながらも、中国全体が魏・呉・蜀に三分割されました。日本も同様に、中央に天皇家が存在し、西日本を平家、関東は源氏、奥州を奥州藤原氏が治めるという〝三国鼎立時代〟が訪れていた可能性があります。

義経がいなければ、西日本で圧倒的な勢力を誇っていた平家が簡単に滅びることはなかったでしょ

うし、そもそも後に奥州藤原氏が滅ぼされたのも、義経が平家を滅ぼしたことで西日本が源氏の勢力下に置かれ、全体の軍事バランスが崩れたためなのです。義経が日本の歴史に与えた影響は、それほどまでに大きかったのです。

三十二、義経、義仲の運命的戦い

鎌倉幕府成立の過程で行われた数々の戦いは「源平合戦」と言われますが、厳密に言うとこれは間違いです。確かに形の上では源氏と平家が争っているようですが、頼朝と義仲の争いなどは源平ではなく「源源合戦」です。平家打倒以前に、源氏は味方同士で激しい戦いを繰り広げているのです。

最終的に平家を滅ぼしたのは頼朝ですが、その前に平家を京から追放したのは義仲です。しかし、義仲にしてみれば、そもそも頼朝こそ父の仇の一族であり、平家には仇である源義平を殺してくれた「恩義」さえあります。

事実、京から平家を追放した後に義仲は平家と和睦を結び、頼朝に対抗しようとしました。その意味では、「源平合戦」という表現は、この時期の合戦の本質を捉えていません。

鎌倉幕府成立に至る過程の〝本質〟とは、「律令政治（朝廷）に対する地方武士の反乱」なのです。

法住寺合戦や粟津合戦など、義仲の敗れた戦いが描かれている「木曾義仲合戦図屏風」（左）
（国立歴史民俗博物館蔵）

佐々木高綱（左）と梶原景季（右）との有名な先陣争いが描かれている「平家物語絵巻／宇治川の事」、財団法人林原美術館蔵）

三十三、奇襲！一の谷の戦い

木曽義仲によって都を追われた平家は、安徳天皇を奉じて本拠地を福原（神戸）に移します。一一八四年、その義仲軍を宇治川で破った義経は、平家を追討すべく、都を出発しました。それを知った平家は、「一の谷」に砦を築き、万全の防衛態勢を敷いて義経軍を待ち構えました。

一の谷は、砂浜が東西に伸び、前方は海で、背後は急斜面の山という、守りには絶好の地形です。しかも、平家は強力な水軍を持っていて、制海権を握っていました。水軍を持たない源氏は、海から一の谷に攻撃を仕掛けることができません。背後は断崖絶壁ですから、砂浜伝いに両翼から攻めるしかないのです。仮に、砂浜を攻撃されても、広く陣取っている平家軍には、いくらでも防御のしようがありました。そのため、平家は防衛に絶対の自信を持っていたのです。

ところが、義経はまさに平家軍の意表をつきました。背後の山から奇襲をかけたのです。しかも、これは単なる奇襲ではありません。〝騎兵〟のスピードを最大限に活用した不意打ちだったのです。

平家も馬鹿ではありませんから、彼らに奇襲の意図を悟られないようにするためには、極めて迅速に背後に回る必要があります。さらに、急斜面を極めて速いスピードで移動し、平家が防御の態勢を固める前に攻撃しなければなりません。

こうした作戦は、「一騎討ち」が主流であった当時の戦争では非常識なものでした。だからこそ、平家は「まさか後ろから攻めてくることはないだろう」と安心しきっていたのです。仮にこのとき、義経軍の兵がすべて歩兵だったとしたら、後の歴史は大きく変わっていたかもしれません。

義経は〝騎兵〟のスピードと破壊力を最大限に活用することで、平家の予想しない背後からの攻撃を可能にしたのです。

義経のこの奇想天外な戦術は、ある意味、ゲリラ戦術の類に含まれると思います。恐らく、鞍馬寺出奔後の放浪中に野武士たちと付き合うことで、自然と身に付いたものなのでしょう。この奇策が、圧倒的に不利な状況にあった源氏に奇跡の大勝利をもたらすことになります。

須磨、鉢伏山山頂より瀬戸内海を望む（兵庫・神戸）

三十四、義仲追討から鵯越へ 義経、電光石火の行程を検証

一の谷を攻めるに当たり、義経は軍を二手に分けました。土岐実平を大将とする本隊には、明石川を南下させて、明石から一の谷の西方へと向わせ、義経自身は精鋭約七〇騎を率いて、一の谷城の背後、「鵯越《ひよどりごえ》」に回ったのです。

鵯越は絶壁に近い断崖で、当時、「猪鹿兎狐のほか通らない」と言われていた難所でした。土地の猟師の案内によって鵯越の頂に辿り着いた義経が一の谷を見下ろすと、折しも一の谷城の西南の門付近では、土岐実平と平家軍との間に戦端が開かれようとしていました。

このとき、義経は「鹿も四足、馬も四足、鹿が通れるなら馬が通れぬはずはない」と言い放ち、自ら先陣を切って断崖を一気に駆け下っていったのです。背後からの不意の襲撃に狼狽した平家軍はたまらずいっせいに敗走し、海路を屋島へと落ち延びていきました。

この大勝利により、義経の名は一躍日本中に知れ渡るようになります。

「鹿も四つ足、馬も四つ足、者ども続け」
と義経は言い放ち、坂を駆け下った
（「源平合戦絵図」第四巻、海北友松画、
赤間神宮蔵）

三十五、馬は断崖絶壁を駆け下りるか？

ところで、鵯越のような断崖絶壁を、本当に馬で下ることができたのでしょうか？私は可能だったと思います。「馬」というと、たいていの人は〝サラブレッド〟のような大型の馬を思い浮かべますが、義経の時代の馬は、木曽馬のように非常に小柄だったのです。人間がまたがると、地面に足が付くこともあったと言われるほど腰の低い馬ばかりでした。

私は馬術の専門家ではありませんが、恐らくサラブレッドような腰高で足の長い馬だったら鵯越を下れず、奇襲は成っていなかったでしょう。当時の馬の体高は一二〇センチ程度で、急斜面を下るのに適した体格をしていました。

鵯越の奇襲時には、馬の小ささを物語るエピソードも残されています。『源平盛衰記』によれば、義経の腹心の部下の一人、畠山重忠は「馬を転ばせてしまっては可哀想だ。今日は馬をいたわってやろう」と、自ら馬を背負って鵯越を滑り降りていったといいます。

馬の今昔

資料提供：JRA

サラブレット

木曽馬

三十六、悲劇の序曲～義経、検非違使になる

一の谷の戦いに勝利し京に凱旋した義経は、後白河法皇から左衛門少尉検非違使に任ぜられます。しかし、これを知った頼朝は激怒しました。なぜなら、頼朝は鎌倉武士が朝廷から勝手に官位を授かることを禁じていたからです。

頼朝は、武士が朝廷から自立するため、独自の賞罰権を持つ組織＝幕府を確立させようと腐心していたのです。ただし人事権に関しては、当時の頼朝は官職を与える権限を持っていなかったので、頼朝の推挙と承認を経て、朝廷から武士たちに官職を与える形をとっていました。ところが、事もあろうに弟の義経が朝廷から直接褒美をもらってしまったのです。このことが、頼朝と義経の間の溝を深めるきっかけとなりました。

平安時代の官位

二官八省

神祇官	神祇祭祀を司る。太政官と並び「二官」と言われたが、太政官のほうが上位。
太政官	律令制で八省諸司と諸国を統括し、国政を担う最高機関。太政大臣、左右大臣、大納言で構成され、後に中納言、参議、内大臣が加わった。事務局として少納言局、左右弁官局がある。
中務省	八省の最高位で天皇の側近に侍従し、詔勅の起草などを行う。
式部省	国家の儀式・文官の人事、学校（大学寮）を管理。
治部省	官人の婚姻・葬儀、外交、雅楽などを司る。
民部省	戸籍・租税（租庸調）などの民政を担当。
兵部省	軍政、特に武官の人事を司る。
刑部省	裁判、行政を司る。
大蔵省	調・庸の出納、度量衡や市場価格を決定。
宮内省	宮中の一般庶務を司る。
中宮職	太皇太后、皇太后、皇后に関する事務を司る。
弾正台	役人の監察を司る。検非違使の設置で形骸化する。
五衛府	京内宮中の警護・行幸の供奉などを行う。衛門府、左右衛士府、左右兵衛府の総称。検非違使の設置で実権を失う。

令解の官	当初の令に規定されたもの以外の官
中納言	（上記「太政官」参照）
参議	（同）
内大臣	（同）
蔵人	天皇の側近に使えて機密文書や訴訟を扱う。
検非違使	宮中の治安維持に当たる。
勘解由使	国司交代の時の『解由状』（＝引き継ぎを完了した旨の文書）を審査する。

三十七、電撃！ 屋島の戦い

一の谷の戦いに大敗した平家の総大将・平宗盛は、安徳天皇と三種の神器を伴い、瀬戸内海を渡って讃岐（香川県）の屋島に逃れました。

頼朝は攻撃の手を緩めようとせず、範頼に大軍を与えて出撃させますが、このとき義経は京に留めおかれました。一の谷の戦いの後に、朝廷から直接官位を授かった罰として、平家追討使の職を解任されていたからです。

この頃、平家は陣営を二つに分けていました。一つは、平宗盛を総大将とする屋島の一軍で、もう一つは長門（山口県）の彦島に陣取った平知盛の別働隊です。

そこで、範頼も追討軍を二手に分けました。屋島には橘公業を大将とする一隊を向わせ、範頼は彦島に向ったのです。しかし、両者は共に大苦戦を強いられました。公業は屋島の手前で平家の水軍に阻まれ、けっきょくは屋島に上陸することができませんでした。範頼は平家軍の激しい抵抗に遭いながらもかろうじて九州に上陸しますが、兵糧が底を尽いたため、先に進めなくなってしまったのです。これまで再三述べてきたように、平家は西日本では決して弱くはないのです。そのため、戦況は膠着状態に陥ってしまいました。ここに至って、頼朝はようやく義経の再起用を決意します。

一一八五年二月、再び平家追討使に任命された義経は、兵を率いて京を出発し、屋島を目指しました。一の谷の戦いとは異なり、このとき源氏は水軍を手に入れていました。前年の戦いで、絶対有利の態勢から脆くも崩れた平家の姿を見て、それまで「中立」の立場を貫いていた紀伊（和歌山県）の熊野水軍や伊予（愛媛県）の河野水軍が源氏に味方したためです。

とはいえ、義経には海戦の経験がなく、また船の扱いにも慣れていません。一方、日宋貿易など海上交易に長らく携わってきた平家にとっては、海は〝勝手知ったる庭〟のようなものです。水軍の規模、装備、戦闘力のいずれをとっても、平家は源氏を圧倒していました。義経は一の谷の戦いに続き、またしても絶対不利の状況に立たされたのです。しかし、義経は再び奇策を用い、源氏を勝利へと導くことになります。

平家と源氏が死闘を繰り広げた舞台「屋島」
（香川・高松）

三十八、なぜ平家は西国で有利だったのか？

屋島に陣を構えた平宗盛は、各所に強力な水軍を配置し、瀬戸内海の制海権を掌握していました。

この制海権を最大限に活用し、平家は兵糧・武器など物資の補給を頻繁に行い、源氏の来襲に備えます。一の谷で敗れたとはいえ、瀬戸内海を中心とした中国・九州地方は、依然として平家の拠点であり支配下にあったのです。言わば西日本は平家のホームグラウンドで、周辺の豪族や農民たちは、ほとんどが平家の味方でした。彼らの援助のおかげで、平家は自在に物資を輸送することができたのです。

一方、〝アウェイ〟の源氏は、物資の補給に難儀しました。彦島に向って進軍した範頼は、行軍中に物資の欠乏に悩まされ、鎌倉の頼朝に対して、その旨を訴える書状を何度も送っていたほどです。その上、源氏は海戦を苦手としています。義経軍は、恐らく屋島の合戦で生まれて始めて船に乗ったという武士が大半を占めていたのではないでしょうか。つまり、義経は物資の補給もままならない敵地で、相手の得意とする海上戦を戦わなければならなかったのです。常識的に考えると、源氏に勝ち目はありませんでした。

平家の支配はほぼ全国に及んでいたが、特に西国に地盤を持っていた。
出典：『逆説の日本史 4 中世鳴動編』（井沢元彦著、小学館）

三十九、兄・範頼は本当に凡庸な指揮官だったのか？

当初、平家追討に際し源氏の総大将を務めていたのは源範頼です。義朝の六男で、頼朝の異母弟、義経の異母兄に当たる範頼は、一一八〇年、頼朝が挙兵するとすぐさま兄のもとに馳せ参じ、以降、義経と共に平家追討に活躍します。しかし、範頼は至って〝凡庸〟で、軍事指揮能力においては義経の足下にも及びませんでした。

そんな範頼が、なぜ源氏の総大将を任されていたのでしょうか。一つは、頼朝の弟であること。もう一つは、独断専行の気味がある義経よりも、中央の命令に忠実に従ったからです。

しかし、軍事の才に恵まれない範頼は、平家のホームグラウンドである西日本では決して平家に勝つことができませんでした。義経に先だって出陣した屋島・彦島攻めでも、範頼は大苦戦を強いられています。このままではらちがあかないと考えた頼朝は範頼を更迭し、代わって義経を総大将に任命し、屋島に進軍させたのです。

義朝の六男である範頼。頼朝を助け鎌倉幕府成立に貢献するが、謀反の疑いをかけられ殺害される
（「源範頼画像」、太寧寺蔵、資料提供：北本市教育委員会）

四十、検証・暴雨の瀬戸内海 四時間横断

平家の水軍が船を隠していた「船隠し」（香川・庵治）

平家が陣取った屋島は高松の沖合いにある縦長の島です。屋島から見ると、島の北端の先に瀬戸内海と本州（岡山県）があることになります。

平宗盛は、義経軍は正面の海を押し渡ってきて、島の北端に上陸するものだと考えていました。源氏は海を苦手とするため、船の移動は最短距離にとどめ、上陸した後の決戦に賭けてくると予想していたのです。そこで、宗盛は義経軍が上陸する前にこれを殲滅しようと、ところどころに船を隠して待ち構えていました。

ところが、義経はまたしても平家の意表をつきました。誰もが警戒を緩める嵐の日に、しけをものともせず摂津（兵庫県）の渡辺を出航し、嵐の追い風に乗って、通常なら三日かかる行程をわずか四時間で進み、阿波（徳島県）の勝浦というところに馬とも

ども上陸したのです。このとき、義経の軍勢はわずか一五〇騎だったと言います。

この一五〇騎が、騎兵ならではの機動力を発揮して、上陸翌日の早朝には屋島の背後（南端）に達し、一の谷のときと同様、背後から奇襲を仕掛けたのです。平家は、背後から源氏の大軍が押し寄せてきたものと錯覚して、慌てて屋島の陣営を放棄し、船に乗って海路を一目散に逃げていきました。

四十一、梶原景時の「正論」を超える義経の「超常識」

義経は屋島でまたしても奇襲によって平家を敗走させましたが、戦前には、このときの戦術を巡って、軍目付（軍師）として鎌倉から派遣されていた梶原景時《かげとき》との間に意見の対立が見られました。

景時は、摂津・渡辺を出航する際に、「船の船首と船尾に櫓をつければ、前進・後退が容易になるので、船に〝逆櫓〟を取り付けるべきだ」と主張しました。義経

安徳天皇を源氏軍から守るために平家軍は屋島に門を立てて、襲撃に備えた
（「総門跡」、香川・牟礼）

はこの進言を一笑に付し、「戦う前から逃げ支度をしていては合戦には勝てない」と言い放ち、とりあおうとしませんでした。

現代から見れば、景時の意見が正しいように思えますが、私は、やはり義経の意見のほうが戦略的には妥当だったと考えています。

もともと義経の戦法は「瞬息」を基本にしています。つまり、スピードが速いということです。そのスピードの前に、平家は一の谷で敗れ去ったのです。素早い奇襲で敵の不意をつく、これが義経の戦

源氏軍の背後からの奇襲に平家軍は船を使って壇の浦に敗走する
(「源平合戦図屏風／屋島」、埼玉県立博物館蔵)

法の最大の長所です。そもそも、まともに戦ったら源氏に勝ち目はありません。勝つためには一刻も早く奇襲をかける必要があります。義経は、逆櫓を付けている暇があったらその間にさっさと出撃すべきだと主張し、それを実行して見事成功させたのです。

逆に景時は、臆病者のそしりを受け、それを恨みに思い後々鎌倉の頼朝に義経の悪口を告げたと言われています。しかし、本来景時は、私情とは関係なく、任務に忠実な人物で、そのためにあえて義経の讒言もしたのだと思います。

四十二、与一が扇の的を外したら戦況は逆転した？

義経の奇襲を受けた平家は、すぐに逃げ去ったわけではありません。いったん海上に逃れ、隙あらば逆襲しようと、しばらく海上にとどまっていたのです。

このとき、平家の軍船から一艘の船が漕ぎ出され、美しく着飾った女性が棹の先に扇をつけて差し出しました。源氏に対し、「これを射てみよ」と言っているのです。対岸の源氏勢の中から選ばれた那須与一がこれを見事に射落としました。

これは源平合戦における有名なエピソードの一つですが、私はこの話には深い意味があると考えています。当時の人々は「神意」を非常に重んじていて、この「扇の的」の故事には、戦いの場において、源平のどちらが神の加護を得ているかを見定めようとする意識が働いていたと思います。源氏が平家の挑発を無視すれば、特に中立派の武士たちの「信」を失うでしょうし、射損じた場合、「源氏は神の加護を得ていない」ということになり、平家の士気は大いに高まったでしょう。

だからこそこのとき与一は「南無八幡大菩薩」と神に祈り、的に向います。与一の放った矢は、見事に扇の的を射抜き、砕けた扇は波間に消えていきました。扇は、まさに後の平家の運命を象徴していたのです

那須与一が放った矢は、みごと平家の掲げる扇を射落とした
（「源平合戦図屛風／屋島」、埼玉県立博物館蔵）

四十三、「弓流し」のエピソードが明かす義経の現実

義経は、小柄で非力な人物だったと伝えられています。真偽のほどは定かではありませんが、それを裏付けるエピソードが、屋島の戦いに残されています。

合戦中に敵陣に深入りした義経は、弓を海中に落としてしまいました。この弓を、義経は敵の矢が降り注ぐ中を命がけで拾いにいき、無事に拾い上げて味方の陣営に帰り着きます。それを見た周囲の部下たちは「大将ともあろう人

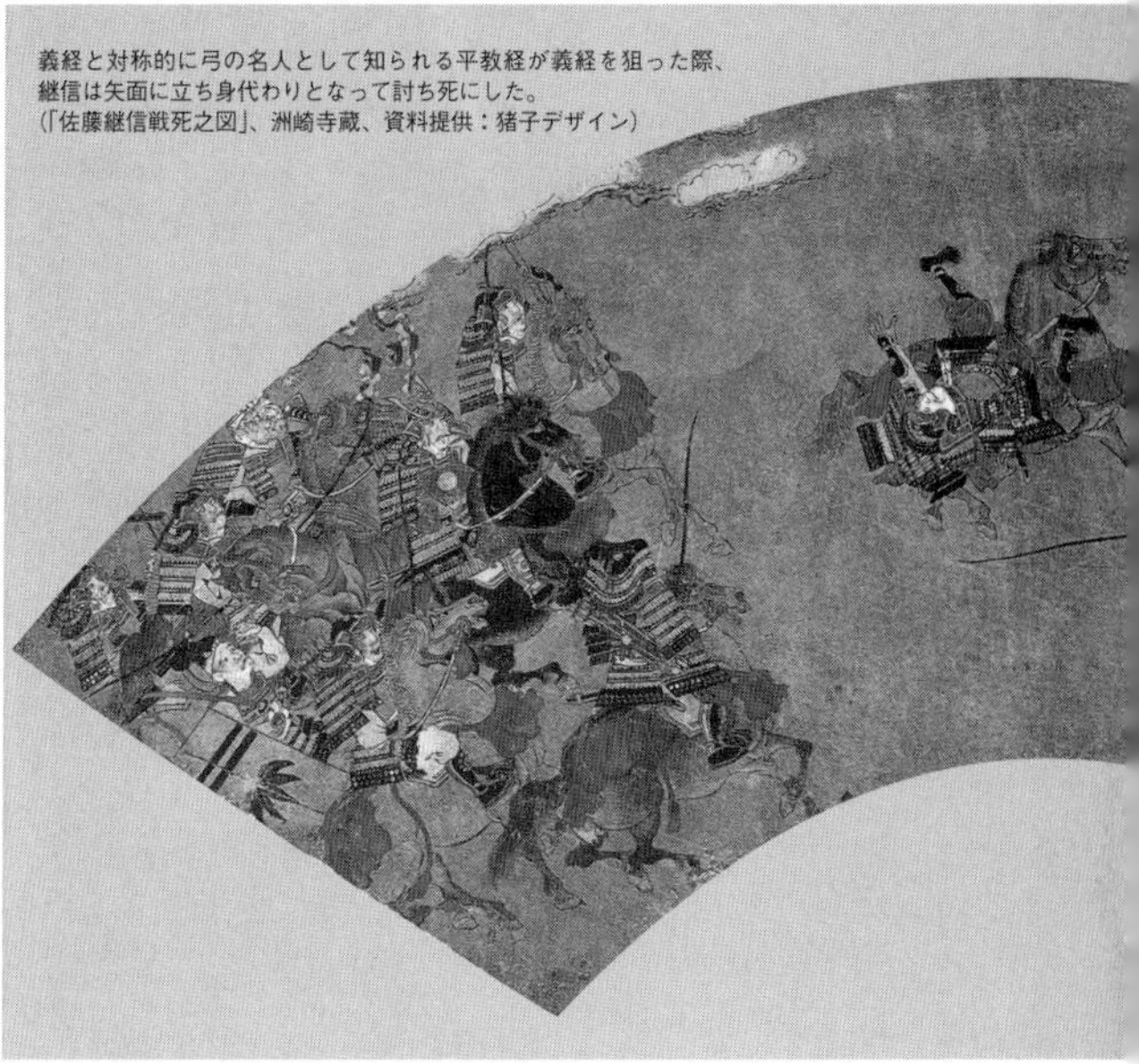
義経と対称的に弓の名人として知られる平教経が義経を狙った際、
継信は矢面に立ち身代わりとなって討ち死にした。
(「佐藤継信戦死之図」、洲崎寺蔵、資料提供：猪子デザイン)

が、たかが弓一つのために危険なことをなさるものではありません」と口々に諌めますが、それに対して義経はこう答えました。

「弓が惜しいわけではない。自分は非力で弱い弓を用いている。もしこの弓が敵の手にわたれば、源氏の大将はこんな弓を引いているのかと笑われてしまう。大将が敵の笑いものになれば、士気に大きく影響する」

だからこそ危険を冒して弓を拾ったのだという義経の言は、部下を大いに感心させたといいます。

四十四、決戦！壇の浦の戦い

水夫を倒せば、船の動きが止まる！

源平の戦い最終章は関門海峡を舞台に繰り広げられた（山口・下関）

屋島を追われた平家は、もう一つの拠点である長門・彦島に集結し、この地で最後の決戦に臨もうと決意します。

先の戦いでは、思いもよらない義経の奇襲によって陸戦を強いられ敗北したため、今度こそは得意の海戦で源氏を殲滅しようと、平家は八〇〇余艘からなる大船団を門司の田の浦（壇の浦）の海上に配備し、源氏を待ち構えました。

一方、それを追撃する源氏・義経軍は、五〇〇余艘に過ぎません。戦力的には、平家が源氏を圧倒していたのです。

しかも、源氏は海戦を苦手としています。屋島の戦いは本来なら海戦になっていたはずが、結果的には源氏が得意とする陸戦になりましたが、今回はそうもいきません。義経の得意とする騎兵による奇襲戦術は使えず、本格的な海戦で決着をつけなければならないのです。まともに戦っては勝ち目はありません。

ところが、義経はまたしても奇策を編み出し、源氏を勝利に導くことになるのです。

義経の作戦とは、平家船の水夫・梶取を射殺すというものでした。つまり、船の操縦者を殺すことによって、敵の兵船を操舵不能に追い込もうと考えたのです。

こうした作戦は現代の戦争ではごく普通に行われていますが、義経の時代には例のないものでした。例えば、近代戦では戦艦の操舵手や爆撃機の操縦士は戦闘員に含まれます。つまり、戦争状態に入れば標的にされても仕方ないのです。ところが、この時代には彼らは〝非戦闘員〟の扱いだったのです。非戦闘員を殺すことはルール違反とされていました。というよりも、彼らが戦闘員であるとは誰も考えていなかったと言ったほうが正しいのかもしれません。水夫たちは武器を携帯せず、攻撃を仕掛けてくるわけではなかったので、鎌倉武士たちは彼らを戦闘員だとは考えていなかったのです。

しかし、義経はその常識を覆しました。船を動かしているのは水夫たちです。彼らを殺せば船の動きは止まり、源氏が苦手とする海戦でも平家と互角に戦うことができる、と義経だけが気付いたのです。

一一八五年三月二四日、壇の浦の戦いは、夜明けと共に始まりました。前述のように、開戦時の戦力は、平家が八〇〇余艘、源氏が五〇〇余艘でしたが、最初の矢合わせの直後、平家方の武将・阿波民部大夫が源氏方に寝返ったため、戦力は逆転しました。

それでも、当初戦いを優勢に進めていたのは平家です。平家船は、壇の浦の東流の勢いにのって、義経軍を押しまくります。しかし、いつしか潮流は西流に転じ、それをきっかけに、源氏は一気に逆襲に転じました。しかも、義経の作戦によって船の操縦士を次々に失った平家船は、強烈な西流に押し流され、大混乱をきたします。その後、戦いは、義経の奇策と寝返りの続出によって一方的な展開となり、正午頃に決着を見ることになりました。

「もはやこれまで」

観念した平家の武将たちは、次々に入水《にゅうすい》（投身自殺）して果てました。安徳天皇も、二位尼（清盛未亡人）に抱かれて三種の神器ともども入水し、平家一門の総帥である宗盛とその子・清宗は捕らえられ、また建礼門院徳子（平清盛の娘・安徳天皇の母）も生け捕りになりました。

かつて「平家に非ずんば、人に非ず」と言われたほどの権勢を誇った平家は、ここに滅亡したのです。

壇の浦合戦で滅びた平家一門の武将を祀る「七盛塚」
（赤間神社、写真提供：下関市）

二位尼に抱かれた安徳天皇は三種の神器とともに海に身を投じた
(「安徳天皇縁起絵図」第八巻部分、土佐光信画、赤間神宮蔵)

四十五、海上戦の本家・平家

平家は平清盛の祖父・正盛の時代から、海上交易に深く関わってきた、いわば「海の民」です。現在の神戸や広島、福岡の港を拠点として、中国や国内各地と盛んに交易を行っていたため、多くの船を所有し、また操船にも長けていました。さらに、瀬戸内海の地形、海流にも精通していたため、平家は海上戦に絶対の自信を持っていたのです。

決戦に際し、平家は「唐船」と呼ばれる当時最大級の軍船から、運動性能に優れた小舟まで、ありとあらゆる船を揃えました。そして、山鹿秀遠の率いる三〇〇余艘を先陣に、長崎・松浦党の水軍三〇〇艘、平知盛率いる平家直属の船団二〇〇余艘の計八〇〇余艘で決戦に臨んでいます。

このとき、平家は「唐船」にわざと雑兵を乗せ、源氏が唐船に攻めかかったところを、精鋭を満載した小舟で包囲して、一気に討ち取ろうという作戦を立てていました。しかし、この作戦は義経に簡単に見破られ、逆に小舟が源氏の集中攻撃を浴びるなど、かえって防衛態勢を弱める結果となりました。

四十六、義経が集めた源氏海軍の正体

屋島の合戦直後、義経の持つ水軍兵力はわずか一五〇艘でしたが、壇の浦の戦いには五〇〇余艘で臨んでいます。もともと海軍を持っていなかった源氏が、なぜこれほど多くの兵力を短期間で集めることができたかというと、一の谷、屋島で平家が連敗したことによって、「平家の時代はもう終わった」と感じた各地の武士団が、こぞって源氏軍に加わるようになったためです。

源氏水軍の内訳は、主力である義経直属の船団が一五〇艘、屋島の戦いで降伏し、その後源氏に寝返った田中教能の率いる阿波・讃岐の水軍五〇艘、河野通信の伊予水軍五〇艘、熊野湛増率いる熊野水軍二〇〇艘などです。

このほか、決戦の数日前に、周防の国の舟奉行、船所正利が六〇余艘の兵船と共に参戦し、さらに九州に上陸していた範頼軍から、三浦義澄が串崎船（船足の速さで知られる）一二艘を引き連れて、義経軍に加わりました。こうして、義経は海戦を戦う体制を整えることができたのです。中でも、熊野水軍二〇〇艘の参戦は、海戦を不得手としていた源氏にとっては、千万の味方を得たに等しかったのではないでしょうか。

義経軍五〇〇余艘は、三月二二日に大島津、二三日に長府沖を経て、決戦当日は満珠島、干珠島周辺に陣取り、決戦に臨んでいます。

壇ノ浦の海戦の経緯

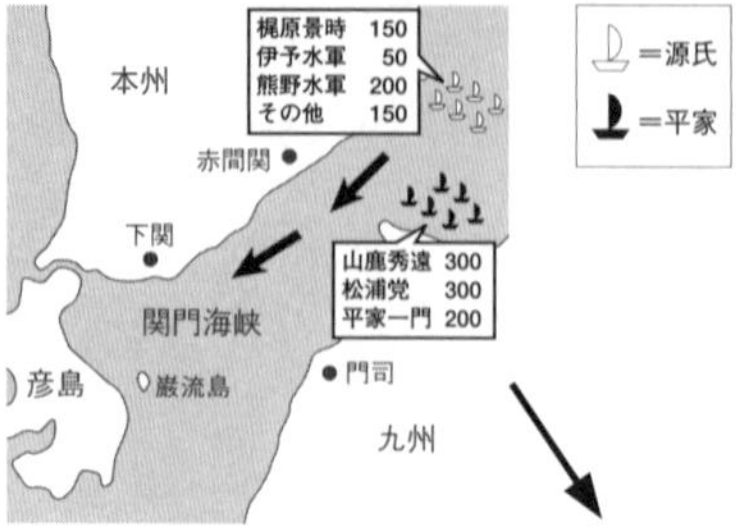

文治元年（1185）
3月24日未明から午前6時

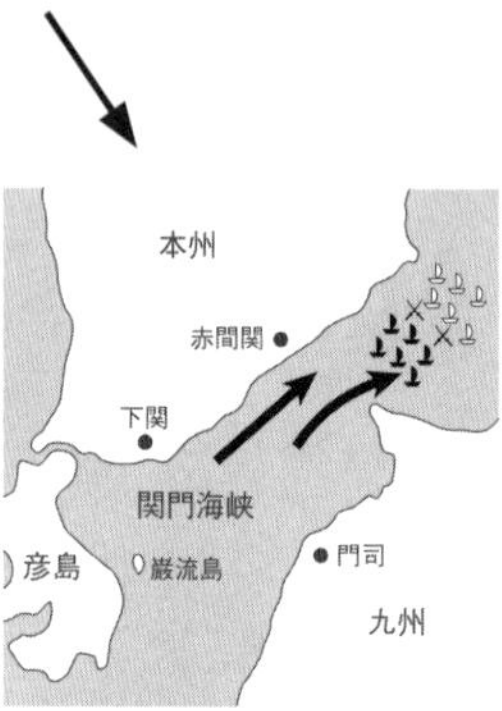

3月24日正午　開戦
平家軍阿波民部300艘が源氏へ寝返る

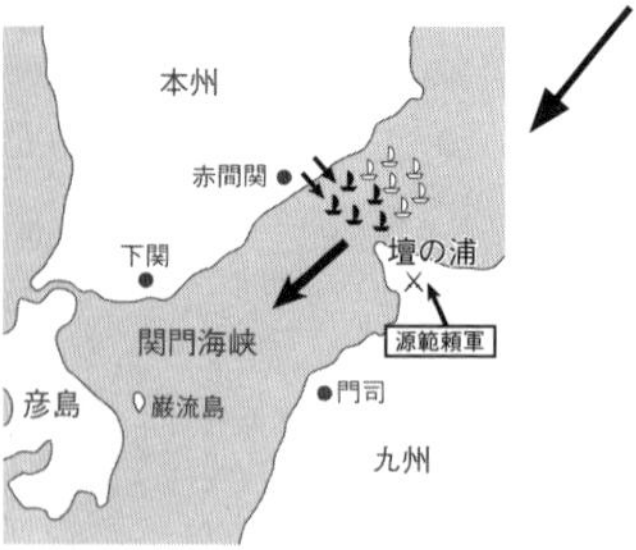

3月24日午後3時～4時

四十七、「三種の神器」の真実

壇の浦の戦いは源氏の完勝に終わりました。義経をはじめ、源氏方の武将は意気揚々と都に凱旋しますが、ただ一人、この勝利に満足しなかった人物がいます。鎌倉の源頼朝です。

決戦に当たって、頼朝は義経に対して「安徳天皇が持っている三種の神器を絶対に取り戻して来い」と厳命していました。「絶対に」とは、つまり「平家は取り逃がしてもいいから神器だけは奪還しろ」というくらいの意味合いです。実は頼朝にとっては、神器を全て取り戻すことこそが「戦争目的」だったのです。ところが、安徳天皇の入水によって、三種の神器の一つ、宝剣が失われてしまいました。それを知った頼朝は激怒します。

なぜなら、頼朝は、三種の神器を朝廷に対する「取引」の材料にしようと考えていたからです。武士の権利を朝廷に認めさせるには、朝廷から譲歩を引き出す必要があります。当時、日本には天皇が二人存在していて、一人が平家が即位させた安徳天皇で、もう一人が平家の去った京で後白河法皇が即位させた後鳥羽天皇です。もっとも、後鳥羽天皇は「神器」なしで即位した天皇です。それまで、日本に神器なしで即位した

天皇は存在しませんでした。三種の神器は皇室に伝わる単なる宝物ではなく、日本国の「権利書」のような存在ですから、神器を持たずに即位した後鳥羽天皇は、ある意味「偽者」の天皇と言えるのです。そのために、後鳥羽を強引に即位させた後白河法皇は後ろめたいものを感じていました。ですから、頼朝は神器を手に入れ、後白河法皇の譲歩を引き出すための道具に使おうと考えていたのです。

しかし、義経にはそのことが理解できませんでした。平家さえ倒せばいいと思っていた義経は、二位尼に神器を抱いたまま入水され、慌てて引き揚げようとしたものの、宝剣だけは海中深くに没してしまったのです。しかも、義経には頼朝がなぜ怒っているのかさえ理解できませんでした。義経は最高の軍人でありながら、政治的センスが欠落していたのです。「政治的センスの欠落」は、後の義経の運命を大きく左右するのです。

四十八、本当の神器は海には沈まなかった

平家に勝利しながら、義経が頼朝の怒りを買った原因が、三種の神器のうち宝剣を失ったことでした。しかし、このときに失われた神剣も、かつて崇神天皇の時代に模造されたものと言われ、今日宮中に伝えられているのは、熱田神宮から伝えられた

オリジナルと言われています。例えば南北朝時代もそうですが、三種の神器は歴史上、何度か数奇な運命に晒されています。

三種の神器とは

日本の歴代天皇が、皇位の標識としてうけついできたという三つの宝物です。壇の浦の戦いで、この中の「草薙の剣」が失われました。

八咫鏡（やたのかがみ）

別名・真経津の鏡（まふつのかがみ）。神話では、アマテラスが岩戸に隠れたとき、呼び戻すために飾られたという鏡です。天安河（あめのやすのかわ）の硬石と天金山（あめのかなやま）の鉄から作られたと言われています。

八尺瓊勾玉／曲玉（やさかにのまがたま）

同じくアマテラスが岩戸に隠れた際に、呼び戻すために飾られたという勾玉です。一説には八尺の緒につないだ勾玉とも言われています。

草薙の剣（くさなぎのつるぎ）

別名・天叢雲剣（あまのむらくものつるぎ）。スサノオがヤマタノオロチを退治したたき、その尾から出たと言われる剣です。ヤマトタケルが東征で火難に逢った際、草を切り払って助かったことから、この名が付きました。

四十九、義経の「八艘飛び」はフィクションか？

数多くの伝説や逸話を持つ義経は、壇の浦の戦いでも一つのエピソードを残しています。それが「八艘飛び」です

決戦終盤、敗色濃厚を悟った平家の猛将・能登守教経は、最後の抵抗を試みました。源氏の大将・義経を探し出して、討ち取ろうと考えたのです。

乱戦の中、義経を発見した教経は喜び勇んで義経の船に乗り込み、一騎討ちを

「八嶋大合戦」。中央には義経の八艘飛びが描かれている（高松市歴史資料館蔵）

挑みました。しかし、義経は「これは敵わない」とすぐに諦め、ひらりと他の船に飛び移り、船から船へと移っていって、無事味方の船に辿り着きました。このとき、八艘の船を次々に飛び越えたことから、後に「義経の八艘飛び」と言われるようになったのですが、『平家物語』や『源平盛衰記』には、飛び越えた船の数は一艘と記されています。真相は定かではありませんが、恐らく、その他の多くの伝説と同様、後の芸術家や民衆の想像力によって、「八艘」に脚色されたのではないでしょうか。

「八艘飛び」や屋島の戦いにおける「弓流し」のエピソードからわかるのは、義経は指揮官としては非常に優秀だったものの、小柄で非力だったこともあって、個人技、つまり武芸には秀でていなかったということです。

八艘飛びとはつまり、敵に恐れをなして逃げ出したことにほかなりません。本来なら「憶病者」と言われてもおかしくないのに、美談として語り継がれてしまうところに義経のすごさ、義経に対する後世の人々の敬慕の念を窺い知ることができます。

五十、壇の浦で滅びた平家の呪いとは？

京に凱旋した義経は、後白河法皇のもとを訪れました。壇の浦の戦いで討ち取った平氏一族の首を都大路で引き回し、さらに獄門にかけるための許可をもらうためです。

後白河上皇は、「平家は天皇家の外戚で、長年朝廷に仕えてきた経緯

平家最後の戦場となった「壇の浦」（山口・下関）

もあるのでそれはできない」と突っぱねました。しかし、義経は「父・義朝の首は、都大路を引き回され、獄門にかけられました。その恥を浄めるためにも是非認めてほしい」と述べ、断固として譲ろうとしなかったのです。

けっきょく、強弁に屈した後白河法皇は許可を与えました。平家一門の首は義経邸に集められ、それぞれ長槍に刺されて獄門にかけられます。さらに、頼朝の命によって、義経は捕らえた平宗盛父子の首を斬り、同様に獄門にかけました。

ところが、その翌月、都を中心とした近畿一帯で強い地震が起き、後白河法皇の起居する院の内裏や寺社、その他多くの家屋が倒壊します。さらに、都では得体の知れない悪病が流行し、都の治安が悪化しました。都人は一様に、「平家の呪いよ、入海病よ」と恐れおののきました。このとき、義経は検非違使として都の治安維持に努めたと言われています。

五十一、安徳天皇の最期

三種の神器とともに壇の浦に入水した安徳天皇は平家政権の〝栄華〟を象徴する存在だったと言えるでしょう。

安徳天皇は一一七八年、高倉天皇と平清盛の娘・徳子との間に生まれました。名を言仁と言います。言仁は生後一カ月で皇太子となり、二歳で天皇に即位しました（一一八〇年）。ときの実力者・清盛が、孫である言仁を溺愛するあまり、高倉天皇に退位を促し、強引に天皇の座につけたのです。平家の棟梁である自分が天皇の外祖父となったことで、清盛は平家の栄華が未来永劫続くと信じて疑わなかったはずです。

しかし、安徳天皇が即位したその年、頼朝と木曽義仲が相次いで挙兵し、さらに清盛の病死によって、世相は風雲急を告げ始めます。一一八三年、平家は義仲の軍勢に京を追われ、以後、安徳天皇は平家一門と共に西国を転々とし、壇の浦で最期のときを迎えました。二位尼に誘われて船端に姿を現した安徳天皇は、伊勢神宮の方向に軽

「安徳天皇尊影」。享年８歳。時代に翻弄され悲運な死を遂げた（泉涌寺蔵）

く手を合わせてから、二位尼に抱かれて海中に身を投じたと伝えられています。このとき、わずか八歳でした。

　この後、そのあまりにも幼い死を悼んでか、安徳天皇生存説がささやかれるようになります。

義経最強家臣団（編）

平家滅亡の原動力

平家滅亡。誰もが予想しなかった義経の偉業を可能にした原動力が、彼を取り巻く家臣団でした。そもそも、義経が騎兵隊戦術で平家の大軍に斬り込んだとき、その兵力は、平家軍に比べればごくわずかな人数でした。しかし義経は、騎馬隊の機動力を最大限に発揮し、奇襲作戦に成功。その際義経軍の中核を成した精鋭が、この家臣団だったのです。弁慶、伊勢三郎、佐藤兄弟ら「義経党」とも言うべき腹心の部下の中には、素性のわからない野武士のような存在の人物もいたといわれますが、とにかく腕っ節は強かった。加えて在郷武士の畠山重忠、熊谷直実、那須与一……。まさに「最強」の武士団が、義経に奇跡を起こさせたのです。

五十二、ゴロツキもいた？最強家臣団の知られざる素顔

義経の連戦連勝を支えた家臣団。厳密に言えば、その中には常に腹心の家臣団と、鎌倉御家人として「源氏」の指揮官である義経に従った関東在郷の武士団がいました。特に前者の中には義経が放浪中に知り合った野武士・山賊の類もいて、彼らが対平家戦で重要な働きをします。ここに紹介するのは、後に「義経四天王」と呼ばれた義経の腹心中の腹心です。

武蔵坊弁慶

（? ～ 1189）

京の五条大橋で義経に打ち負かされ、以来、その忠実な家臣となる。常に戦場では義経の傍らにあり、義経の北国落ちの際にはその道中で多くの危難から主人を救った（→ P145）

駿河次郎

※生没年不詳

駿河の猟師とも、船乗りとも言われ、その出自には諸説ある。奥州で藤原泰衡の裏切りを察知した義経が、九州の諸大名に出陣を促す手紙をしたため次郎に託したという。しかし次郎は途中で捕らえられたとも、自害したとも言われている。

伊勢三郎義盛

（? ～ 1186）

伊勢国司の子とも、山賊の子とも言われ、その出自については諸説ある。戦ではその武勇と機略を用いて義経を助けるが、義経都落ちの際に大物浦で嵐に遭い、生き別れとなる（→ P148）

佐藤継信（兄）と忠信（弟）

（兄～ 1185）（弟～ 1186）

※共に生年不明

義経が頼朝の挙兵に応じて藤原秀衡のもとを去る際、秀衡の命で義経に従軍。継信は屋島の合戦で義経の盾となり、忠信は義経没落後も付き従って危難を救った。（→ 150）

五十三、義経家臣団の実像一　武蔵坊弁慶

義経直属の部下の中で最も人気の高い人物、それが武蔵坊弁慶です。弁慶は、義経を常に支えた超人的人物として物語類に頻繁に登場しますが、史料はほとんど残されていません。『吾妻鏡』に二度ほど登場するのみです。そのため、歴史学者の中には弁慶の実在性に疑問を投げかける人も多いのですが、私自身は、存在したとしても不思議ではないと思っています。恐らく、放浪中に出会った野武士や山伏の一人だったのではないでしょうか。これだけ伝説が残っているわけですから、モデルとなるべき人物は間違いなく存在したと考えています。弁慶の出自、生涯には諸説ありますが、ここでは通説に従って、彼を紹介することにしましょう。

生年は未詳ですが、熊野の別当（または熊野水軍の総帥）・熊野湛増の子ではなかったかと言われています。幼名は鬼若丸でした。六歳のときに比叡山に預けられ、武蔵坊で修行していたことから「武蔵坊弁慶」と名乗りました。その後、比叡山を脱け出し、播磨（兵庫県）の書写山に入って修行しますが、度重なる先輩僧のいじめに堪忍袋の緒が切れて大暴れしたため、追放されます。

その後、京の五条大橋で義経と決闘し、敗れた弁慶は義経に終生の忠義を誓いました。

もっとも、後に清水寺で二度目の決闘を行い、ここで再び敗れたために義経の従者になったという説もあります。

弁慶の存在が注目されるようになるのは、奥州落ち以降のことです。「一の谷」、「屋島」、「壇の浦」の戦いにも参加しますが、目立った戦功は立てていません。

一一八七年、追われる身となった義経一行は山伏姿に身をやつして、一路平泉を目指しました。一行には次々と危難が降りかかります。石川県の「安宅の関」では、関守・富樫泰家に見とがめられますが、弁慶は白紙の勧進帳を堂々と詠み上げ、さらに強力《ごうりき》に身をやつした義経を激しく打ち泰家の嫌疑を晴らしました。この話は、歌舞伎「勧進帳」として今日まで受け継がれています。

度重なる苦難の末に、一行は平泉に辿り着き、藤原秀衡に与えられた衣川の館で暮らします。しかし一一八九年、秀衡の息子・泰衡の軍勢の襲撃を受けました。弁慶は義経を守るために長刀をふるって阿修羅のごとく奮戦しますが、無数の矢を受け、ついに入寂しました。このとき、立ち尽くしたまま往生を遂げたことから、後に「弁慶の立ち往生」と言われるようになります。

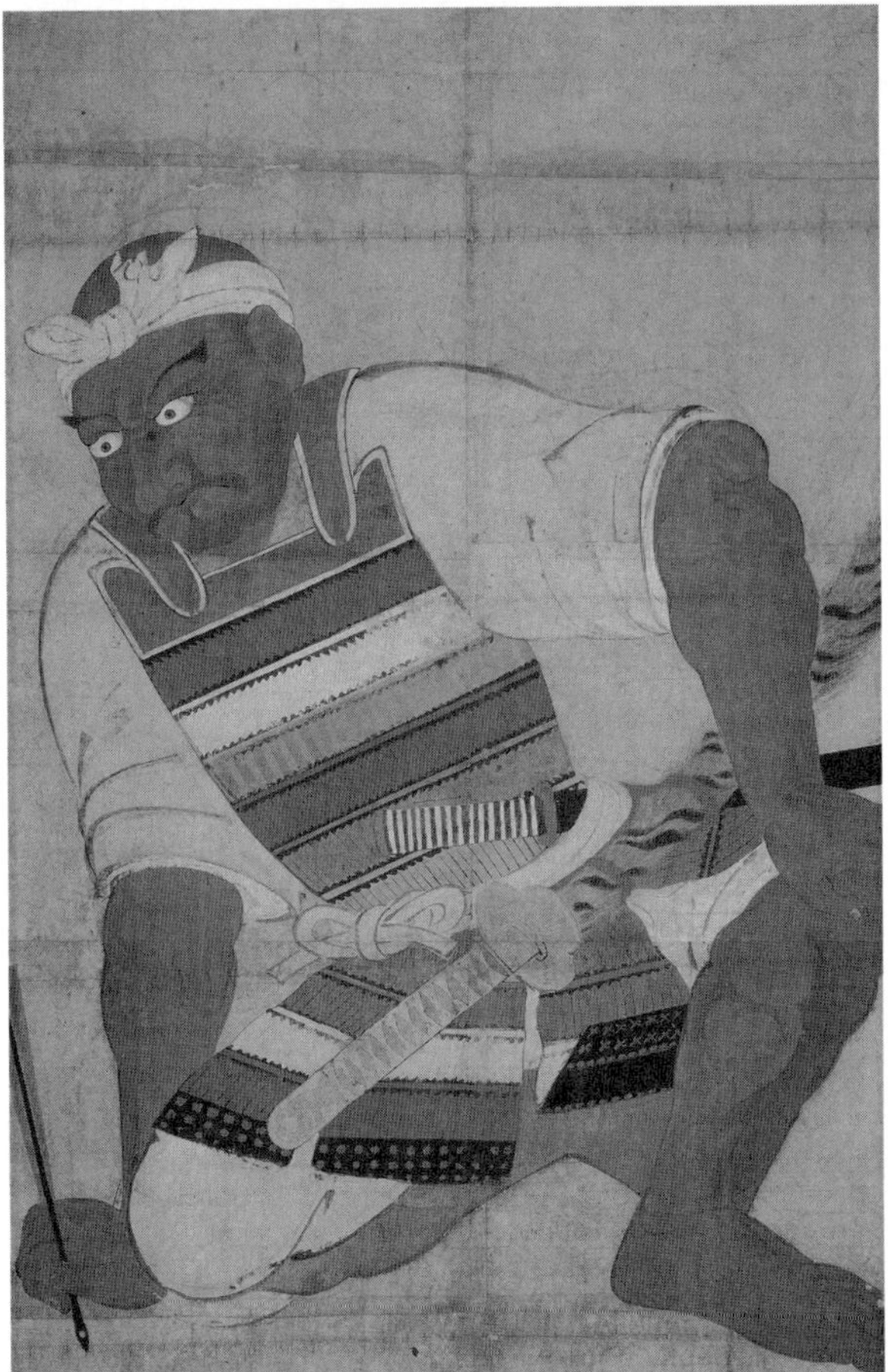

最期まで義経を守った弁慶（「弁慶画像」、中尊寺蔵）

五十四、義経家臣団の実像二　伊勢三郎義盛

伊勢三郎義盛は、「義経四天王」の一人に数えられる豪傑です。生まれは伊勢とも上野とも言われますが、「伊勢三郎」と名乗っていることから、伊勢国司の三男、あるいはその子孫の可能性も考えられます。恐らくは、義経が鞍馬寺出奔後の放浪中に出会った野武士か山伏、山賊の一人だったのではないでしょうか。『義経記』は、義経が鞍馬山を脱け出て奥州に向かう途中、たまたま上野の義盛の家に宿泊し、その際に主従の契りを結んだとしています。

義盛は源平の争乱で大活躍しています。『愚管抄』によれば、木曽義仲の首級をあげたとされ、壇の浦では、平家の総大将・宗盛とその子・清宗を生け捕りにしています。

後に義経が追われる身になると、義盛は義経に従って都落ちしますが、途中ではぐれてしまい、伊勢に帰ります。後に守護を襲撃して敗れ、鈴鹿山で自害しました。

義経一行が吉野の山中をさまよう中、弁慶が川に落ちる。
それを引き上げる伊勢三郎
(「源義経芳野落之図」部分、高松市歴史資料館蔵)

五十五、義経家臣団の実像三　佐藤継信・忠信兄弟

この兄弟は、もともと藤原秀衡の部下でしたが、義経が奥州を出立する際に、藤原秀衡の命によって義経に従軍しました。以降、義経の股肱の臣として活躍します。「義経四天王」の一人に数えられる兄・継信は、屋島の戦いで義経の身代わりとなって平教経に矢で射られ、戦死しました。『吾妻鏡』によれば、義経は継信の死を嘆き悲しみ、秘蔵の名馬「太夫黒」を僧に与えて、供養させたと伝えられています。

弟・忠信は、一の谷、屋島、壇の浦の激戦を生き残ります。後に義経が追われる身となり、京から九州を目指して逃げ延びる途中の吉野山で、一行は追手に囲まれました。このとき、忠信は自ら義経と名乗り、追手を引き付けて義経を逃がしたと言われています。その後、京都に潜伏して義経の行方を探しているうちに、糟屋有季率いる二〇〇人の兵に襲われ、かつて義経から授けられた刀で自害して果てたと言われています。

左）秀衡の命によって義経に従事した佐藤兄弟は主人義経に忠誠を尽くした（「佐藤継信・忠信之墓」、京都・東山）／（右）屋島の戦いで義経の盾になって死んだ佐藤継信（次信）の墓（香川・牟礼）

五十六、義経家臣団の実像四　那須与一

下野の那須郡を本拠とする土着武士で、弓の名手として知られています。彼の名を一躍高めたのが、屋島の戦いです。

海を挟んで義経軍と平家軍が対峙する中、平家軍から一艘の小舟が漕ぎ出され、美しく着飾った女性が棹の先に扇をつけて差し出し、源氏に「射れるものなら射ってみよ」と挑発してきました。このとき、義経の命によって射手に選ばれたのが那須与一です

与一は何度も辞退しましたが聞き入れられず、意を決して馬を海中に乗り入れ、「南無八幡大菩薩。願わくばあの扇の真中を射させせ給え」と祈り、扇に

中央には那須与一が扇の的を射落としている場面が描かれている
(「源平合戦図屏風／屋島合戦」、狩野元信画、赤間神宮蔵)

那須与一は「駒立岩」の上に立つ馬上から矢を放った（香川・牟礼）

向って矢を放ちました。矢は見事に扇の的を射抜き、与一は源平両軍から大喝采を浴びたといいます。

その後、与一は扇の的を射た褒美として、頼朝から那須氏の総領（後継ぎ）の地位と領地として五カ国内の荘園を与えられました。

五十七、義経家臣団の実像五　畠山重忠

武蔵（埼玉県）・畠山出身の土着武士で、『吾妻鏡』では「智・仁・勇を備えた鎌倉武士の亀鑑」と評されています。

頼朝挙兵当時は平家方についていたのですが、頼朝の鎌倉入りの際に源氏軍に加わりました。小柄な体格に似合わぬ怪力の持ち主だったと言われており、それを裏付けるエピソードが一の谷の戦いに残されています。

このとき、重忠は義経に付き従って鵯越《ひよどりごえ》の奇襲に参加しました。義経をはじめ、ほとんどの武士が馬に乗って坂を駆け下っていく中、重忠は「この大事なところで、たいせつな馬を転ばしてはたいへんだ。今日は馬をいたわってやろう」と言って愛馬・三日月を背負い、かたわらに生えていた椎の木の枝をねじ切って杖代わりにし、急斜面を下りていったと伝えられています。

畠山重忠ゆかりの地、埼玉県川本町の畠山重忠公史跡公園内にある「畠山重忠公の像」
（資料提供：川本町役場）

その後、息子・重保が北条時政の女婿である平賀朝雅と対立したことをきっかけに、時政から謀反の嫌疑をかけられ、二俣川で北条義時の大軍に襲撃され討死しました。一二〇五年のことでした。

五十八、義経家臣団の実像六　熊谷直実

武蔵（埼玉県）熊谷出身の土着武士で、知勇兼備の将として知られています。一一八〇年の頼朝挙兵当時は平知盛に仕えていましたが、その後、頼朝軍に加わりました。一の谷の戦いでは先陣を切って活躍。平家方の将・平敦盛と決闘し、これを討ち取ったことで一躍名を上げています。

このとき、直実は組み敷いた敦盛の首を掻き切るために兜を脱がせました。敦盛の顔を見た直実は、敦盛が我が子・小次郎に似ていることを知り、殺すのを躊躇します。しかし、敦盛は「汝のためには良い手柄になる。いざ首を切れ」と言いました。

それでも直実は手を下すことができず、敦盛を助けようと決心しました。しかし、義経軍の軍監・梶原景時の軍勢が背後にやってきたのを知り、「逃がしてあげようと思ったけれど、味方の軍勢がそこまで来ている。助けたとしても、すぐに捕まってしまうでしょう。ならば、人出にかかるよりも、我が手にかからせたまえ」と言い、泣く泣

熊谷直実と平敦盛の一騎打ちを再現したブロンズ像（兵庫・須磨寺）

く敦盛の首を掻き切ったとされています。
その後、領地問題を巡る頼朝の裁定に不満を抱いて出家し、蓮生と号しました。出家の理由は、平敦盛の一件を気に病んだためとも言われています。

五十九、義経家臣団の実像七 その他の家臣

駿河次郎

義経と頼朝の確執が明らかになり、頼朝は京都の義経に対し、土佐坊昌俊という刺客を放ちました。結局、土佐坊とその手勢約二〇〇名（と言われる）は、弁慶らの活躍で殲滅させられますが、土佐坊が六条河原で処刑される際に斬り手を命じられたのが駿河次郎だったと伝えられています。

その出自は猟師、船乗りなど諸説ある駿河次郎ですが、平家との戦いでも戦功を挙げ、奥州平泉まで義経に従いました。そして義経の保護者であった藤原秀衡没後、その息子泰衡の裏切りを察知した義経の命を受け、九州の武士に出陣を促しに走りますが、京で捕らえられます。また、別の説として、鎌倉探索中に見つかり、自害したとも伝えられます。

亀井六郎重清

義経の忠臣の一人で、この亀井六郎をもって「義経四天王」の一人であるとする説もあります。

実は、亀井六郎の存在については、『吾妻鏡』などにその名が出てきますが、細かにこの人物のことを説明した文章がないため、詳細は不明です。

紀伊の国の豪族、鈴木氏の出身で、兄の鈴木三郎重家と共に義経に仕えて源平の戦いで活躍したと言われています。

そして、義経に従い、奥羽平泉へと逃れます。藤原泰衡に義経が攻められた衣川の戦いでは、義経を守り、弓矢で数名の敵を倒し、兄と共に奮戦、最期は自刃したと言われています。

その忠臣ぶりは、現在も歌舞伎などで伝えられています。

鷲尾義久

義経が鵯越えから一の谷の平家軍の背後をつこうと進軍する際、道案内として弁慶がどこからか老いた猟師を連れてきます。この猟師の息子が鷲尾義久と言われています。ちなみに、その父が義経から「一の谷を馬が下れるか」と尋ねられ「鹿なら下れる」と答えたため、義経は有名な「鹿も四つ足、馬も四つ足。馬が通れぬことはない」という名セリフを述べました。

義久ははじめ熊王と名乗っていましたが、義経が自分の一字を与え、その場で元服させました。土地をよく知る義久は、楽々と一の谷の崖を馬で駆け下り、義経の奇襲作戦の成功に貢献します。

以後は義経に従い、最終的に奥州まで義経を行動にしました。衣川の戦いでも奮戦し、最期は討ち死にして果てます。まだ二〇歳そこそこの若者でした。

義経をめぐる女たち 編

なぜ最期まで義経を慕ったのか？

　義経が美男子であったか否かはともかく、彼は何人かの女性を娶り、また関係を持ったと言われています。有名なのは、静御前とのロマンスでしょう。

静も、当時としては絶世の美女であったと言われています。

　しかし、その一生は決して幸せとは言えなかったようです。

　義経が平家滅亡という偉業を成し遂げたのも束の間、頼朝との関係が悪化し、奥州へ逃亡するという浮き沈みを経験しますが、その激しい運命にもっとも翻弄されたのは、この静だったかもしれません。

　そのほか、義経と最期まで行動を共にした正妻の河越氏など、短い義経の人生に華を添えた女性たちのエピソードを紹介しましょう。

六十、麗人・静御前の真実

「義経が最も愛した女性」としてあまりにも有名な静御前《しずかごぜん》は、永万元年（一一六五年）、淡路の志賀津で生まれました。母・磯禅師《いそのぜんじ》が白拍子だったため、静も芸が長じて白拍子となり、都では舞の名手として評判を呼んでいました。

一般的に、義経と静が出会ったのは、後鳥羽天皇が神泉苑《しんせんえん》で雨乞いの祈祷を催したときだと言われています（一一八四年）。また、別の説では、頼朝の刺客・土佐坊昌俊が六条堀河の義経の屋敷を襲った際に、静が機転を利かせて義経の命を救い、これをきっかけに恋仲になったとされています。

毎年４月、鎌倉・鶴岡八幡宮で静の舞が奉納される（鎌倉・鶴岡八幡宮、撮影：原田寛）

その後しばらくして、義経は兄・頼朝に反旗を翻し、精鋭二〇〇騎を連れて摂津（大阪府）・大物浦から船で九州を目指しますが、嵐に遭遇し、やむなく港に引き返しました。このときすでに「義経追討」の院宣が発せられており、都に戻ることもできなくなった義経は、武蔵坊弁慶ら数名の部下を率いて吉野（奈良県）へ向いました。このとき、静も行動を共にしています。

しかし、静は一行の足手まといになり、さらに、吉野の奥にある大峰山が〝女人禁制〟だったため、それ以上静を伴うことができなくなりました。仕方なく、義経は静に四人の従者をつけて京に帰すことにしました。これが義経と静の今生の別れとなりました。この後、静は数奇な運命を辿ることになります。

ところで、義経の母・常盤と同様に、静御前も〝絶世の美女〟だったと伝えられていますが、果たしてそれは事実だったのでしょうか。恐らく、相当の美人だったと思います。そもそも白拍子は美人でなければなれず、その中でも静は評判だったわけですから。

さらに、静が義経と出会ったのは一の谷の戦いの直後で、当時の義経と言えば、「天才将軍」として飛ぶ鳥を落す勢いの人気を誇っていました。さらに、朝廷から検非違使の官位も与えられています。つまり、よりどりみどりに気に入った女性を選べる立場にあった義経が、あえて静を選んでいるわけですから、やはり静は相当の美人だったと考えるのが妥当でしょう。

舞いの名手で容姿艶麗であった静御前
(「静」、上村松園画、東京国立近代美術館蔵)

六十一、義経をめぐる女性たち　正妻（河越太郎重頼の娘）

義経の正妻は、武蔵（埼玉県）の豪族で、頼朝の腹心の部下の一人、河越太郎重頼の娘・郷御前という女性です。もっとも、史料がほとんど残っていないため、その生涯は謎に包まれています。実は本名も定かではなく、「郷」という名前は、後に創作されたものです。

義経と郷が結婚したのは、一の谷の戦いの後に、義経が朝廷から検非違使の官職を授かって頼朝の怒りを買った直後のことです（一一八四年）。このとき、義経は二五歳、郷は一七歳でした。二人の結婚は恋愛によるものではなく、頼朝が京の義経のもとに郷を送り込んで強制的に結婚させた、いわゆる政略結婚です。このとき、すでに義経は静御前と恋仲になっていたため、結婚当初は、郷の存在を疎ましく思っていたようです。

しかし、一方の郷は義

経を心から愛していました。その証拠に、頼朝と決裂し、追われる身となった義経と最後まで行動をともにし、一一八九年、奥州・衣川で義経の自刃に殉じています。

六十二、久我大臣の娘（大納言平時忠の娘）

義経の側室の一人で、一般的には久我大臣の娘と言われています。もっとも、久我大臣は実在せず、実はかつての大納言で、壇の浦の戦いで捕えられた平時忠の娘ではないかという説もありますが、いずれにせよ、史料がほとんど残されていないため、真相は定かではありません。

『義経記』によれば、この側室も義経と最後まで行動を共にしたといいます。藤原秀衡に与えられた衣川の館で義経と共に暮らし、義経自刃の七日前には女子を出産したと伝えられています。

六十三、皆鶴姫（鬼一法眼の娘）

一般的に、義経の「初恋の人」と言われているのが、『義経記』に登場する陰陽師、鬼一法眼の娘・皆鶴姫です。

鞍馬寺出奔後、奥州の藤原秀衡のもとに身を寄せていた義経は、一一七四年に奥州を発って都に戻り、山科に潜伏して平家の動向を探っていました。そのとき、鬼一法眼が兵書『六韜《りくとう》』を所持していることを知った義経は、それをどうしても読みたいと思いました。そこで、策を弄して皆鶴と恋仲になり、彼女の手引きによって、『六韜』を密かに書き写したと伝えられています。

その後、所在が平家に探知されそうになったため、義経は慌てて奥州に逃げ帰ります。それを知った皆鶴は大いに嘆き悲しみ、義経の後を追って奥州に旅立ちましたが、現在の福島県・河東町付近で病に倒れ、亡くなったと伝えられています。

六十四、義経は女性にモテたのか？

「義経は美少年か？」（五二ページ）の中で述べたように、私は一般的に言われる「義経は美少年ではない」という意見に必ずしも与しません。その根拠の一つとして、義経が非常に女性からモテた、ということを挙げました。

例えば、吉野で別れた静御前の場合を見てみましょう。結局雪深い山中で義経の足手まといになったから義経が見捨てたという意見もありますが、私は、義経が自分可愛さばかりで静を見捨てたわけではないと考えています。なぜなら、静が身籠もった時期は、逆算するとこの吉野にいた時期になるからです。それでなくても戦続きで外に出てばかりの義経には、静を愛する時間もなかったのではないでしょうか。

さらに静は、捕らえられ、鎌倉に送られた後も、義経を慕う舞を披露し、頼朝の怒りを買っています。静が義経を慕う気持ちは本物でしょう。

正妻の河越氏についても、結婚のなりゆきは、頼朝が政略的に義経をつなぎ止めておくために無理やり結びつけたようなものです。にもかかわらず、河越氏は、奥州平泉で義経と最期を共にしています。没落する義経からは、自ら別れようと思えばいくらでもそのチャンスはあったはずです。

美男子か、女性にモテたか？義経の容姿については謎が多い。
（「源義経のやまと絵」、芳賀由也氏蔵）

また、鬼一法眼の娘と言われる皆鶴姫については一六八ページで述べたとおりですが、そのほか、義経が鞍馬山にいた時代、義経がほしがっていた兵法書を鬼一法眼のもとから勝手に持ち出し、そのために気仙沼（宮城県）に流されたというエピソードもあります。

このように、平家を滅ぼして絶頂期にある義経ではなく、謀反者の子として寺に預けられている義経や、頼朝に追われる身になった義経が、それでもなおこれらの女性たちから慕われているということは、「義経はモテた」という十分な証拠ではないでしょうか。

英雄の凋落 編

義経の悲劇

「平家を滅ぼした英雄」という栄光も束の間、頼朝の怒りを買った義経は、反旗を翻すも失敗し、謀反人として追われる身となります。

それまで常勝将軍であった義経は、ここからまったく運に見放されてしまいます。それでも、わずかに残った家臣団の助けで、幼少期を過ごした奥州に藤原秀衡を訪ねて落ち延びていくのでした。

途中、多くの家臣を失い、静御前とも別れ、北国行はまさに凋落の旅でした。しかし秀衡は、義経を客人として迎え、義経を差し出せと言う頼朝の要求にも従いません。義経の不幸は、この有力な保護者が間もなくこの世を去ったことです。

秀衡の長男・泰衡は、頼朝の要求を突き返すほど腰の座った人物ではありません。頼朝の「脅し」に屈した泰衡は、ついに義経の館へ軍勢を差し向けるのでした。

六十五、時代のフィクサー・後白河法皇とは？

鎌倉幕府成立に至る過程は、実は「源平合戦」ではなかったということは既に述べました。大局的に見ると、律令政治（朝廷）に対する地方武士の反乱なのです。

地方武士の筆頭に立っていたのは、もちろん頼朝です。一方、朝廷の筆頭で、権利を求める武士に対抗し、最期まで朝廷を中心とした貴族の権益を守ろうとした人物が、後白河法皇です。法皇は、保元の乱の勝利で権力基盤を固め、以後、天皇～上皇～法皇として、計三四年にわたって朝廷に君臨しました。

当時の朝廷は軍事力を持っていなかったため、法皇は武力を持つ勢力を〝操る〟ことで、律令体制の維持を図ろうとします。最終的に勝利を収めた勢力・人物に恩を売り、その勢力が大きくなろうとすると、今度は反対勢力を優遇・育成して両者を争わせ、朝廷の権威を保とうとしたのです。そのため、後に法皇は頼朝から「日本一の天狗」と罵られています。

一一八三年、木曽義仲が都から平家を追放すると、法皇はさっそく義仲に官位を与え、平家追討を命じました。ところが、義仲の勢力が増すと頼朝と手を結び、密約を交わして頼朝に義仲を討たせました。そして、今度は頼朝に「平家追討」の院宣を与えるのです。

フィクサー（?）後白河法皇は、『梁塵秘抄』を撰集するなど文化史においても名を残した
（「後白河法皇像」、神護寺蔵）

京を追われた平家が福原（一の谷）に布陣すると、法皇は和睦の仲介をすると見せて平家を油断させ、その隙に義経軍が攻め立て、平家を大敗させました。その後、京に凱旋した義経に検非違使の官位を与え、頼朝との仲違いのきっかけを作ったのも法皇です。

翌年、壇の浦で平家が滅ぶと、頼朝に対抗しうる勢力は日本に存在しなくなりました。頼朝勢力の強大化を恐れた法皇は、義経を優遇して頼朝と仲違いさせようと目論みます。それは成功したと言えるでしょう。

頼朝と義経が不和になると、両者を争わせるために、義経に「頼朝追討」の院宣を与えます。それを知った頼朝が激怒し、大軍を上洛させる気配を示したために、法皇は慌てて頼朝に「義経追討」の院宣を与えました。頼朝に「日本一の天狗」と罵られたのはこのときだとされています。

このように、権謀術数のかぎりを尽くして、法皇は朝廷の権威を守ろうとしました。しかし、歴史の流れには勝てず、一一九二年七月、日本初の武家政権、鎌倉幕府が誕生します。後白河法皇はその直前の三月、六六年の生涯を閉じました。

平家の追手から身を守るため、比叡山に隠れていた後白河法皇が平家の都落ちとともに都に戻ってくる（「安徳天皇縁起絵図」、第三巻、土佐光信画、赤間神宮蔵）

六十六、腰越状でわかる義経の限界

壇の浦の勝利の一カ月後、頼朝は配下の武士たちに、義経の命令にいっさい従わないよう指示しました。頼朝は、義経が検非違使の官位を勝手に授かったことへの怒りを解いていなかったのです。

慌てた義経は、鎌倉へ行って弁明しようとしますが、頼朝は鎌倉入りを許さず、相模（神奈川県）の腰越で義経を追い返しました。このとき、義経は一通の手紙をしたためて、頼朝に送りました。この

鎌倉入りを許されなかった義経は腰越、
満福寺で嘆願状をしたためた（「腰越状」、満福寺蔵）

手紙こそ、後に「腰越状」と呼ばれるようになる弁明書です。検非違使任官について、義経は腰越状でこう述べています。

「私が検非違使のような重職に就くことは、源氏一族にとっても名誉なことではないでしょうか」

この一文からもわかるように、義経は兄の怒りが何に起因しているかをまったく理解していなかったのです。頼朝が怒っているのは、梶原景時の讒言のせいだと義経は考えていました。義経最大の悲劇は、このことを理解するセンスを持っていなかったことにあります。

けっきょく、弁明は聞き入れられませんでした。空しく都に戻った義経を、さらなる悲劇が襲います。与えられていた平家の没官領地を没収され、さらに頼朝の放った刺客に命まで狙われたのです。ここに至って、義経はついに兄に反旗を翻すことを決意しました。

六十七、頼朝が恐れた義経の行動とは？

義経は「腰越状」の中で、検非違使の任官を「源氏にとっても名誉なこと」と述べていますが、これは頼朝からすれば大きな勘違いでした。
頼朝の目指す「関東独立国」＝「武士の国」が朝廷から独立するためには、人事権（賞罰権）も独自のものを持たなければいけないのです。そこで頼朝は、自分の推挙なしに朝廷から官職を得ることを禁じましたが、身内の義経がそのルールを破ってしまったら、他の武士も同様に朝廷から官職をもらいに走ります。
「人は、褒美をくれる者のために働く」ことを熟知していた頼朝は、義経の勝手な行為が幕府の権威を揺るがすことを恐れたのです。

六十八、「守護」は義経追討のために置かれた

兄と戦う覚悟を決めた義経は、後白河法皇に「頼朝追討」の院宣を求めました。頼朝を恐れる後白河法皇は出し渋りましたが、けっきょくは義経の強談判に折れ、院宣を与えます。

このことを知った頼朝は激怒しますが、同時に、この〝事件〟を最大限に利用しようと考えました。北条時政に大軍を授けて京に向わせ、「このオトシマエはどうつけてくれるのか」と言わんばかりに、朝廷に対してすごんだのです。

脅迫に震え上がった後白河法皇は、頼朝（武士）に、各国に「追捕使（後の守護）」を置く権利を与えました。追捕使とは、〝謀反人の逮捕〟を目的とする警察機構の長官のような存在です。つまり、義経の謀反を利用して、頼朝は長年の悲願であった武士の権利をまず一つ獲得したのです。

これは歴史の大いなる皮肉と言えるでしょう。頼朝は武士の権利を確立するために平家を滅ぼしましたが、言うまでもなく、平家追討の最大の功労者は義経です。その義経を逮捕するための権利、それこそが〝初めて武士に認められた権利〟だったのです。

六十九、ヒーローの凋落

～腹心も失った逃亡の義経

吉野での義経と静の別れを描いた（「義経絵巻襖絵」、満福寺）

後白河法皇から「頼朝追討」の院宣を与えられた義経は、勇躍して兵を募りました。さらに、四国および九州の年貢米を取り扱う権利（兵糧徴集権）も与えられます。にもかかわらず、思うように兵は集まりませんでした。頼朝には「武士のための政権確立」という大義名分がありますが、義経にはそれがなかったからです。

失望した義経は、兵糧徴集権を持っている九州で力を蓄えようと考え、都落ちを決意しました。そして精鋭二〇〇騎を率いて、摂津（大阪府）・大物浦から九州を目指して出航します。

ところが、この船団が嵐に遭遇し、義経は精鋭のほとんどを失ってしまいました。この二〇〇騎は、義経が選び抜いた一騎当千の強者ばかりで、いわば「義経党」とも言うべき人々です。義経が反・頼朝の兵を挙げるに際し、軍の中核を担うはずだった人々なのです。それを、義経は一挙に失ってしまったのです。

もはや義経には、奥州藤原氏のもとへ亡命するしか道は残されていませんでした。

義経は、奥州目指して逃避行を開始しますが、このとき義経に従ったのは、武蔵坊弁慶はじめ数人の家臣と、静御前だけだったと伝えられています。

七十、静はなぜ生き延びたのか

逃避行のさなか、義経と静御前は吉野（奈良県）の山中で別れました。その後、静は捕えられます。鎌倉の頼朝のもとに移送され、義経の所在を厳しく問われますが、知らぬ存ぜぬを通して、義経を庇いました。

このとき、頼朝の妻・政子が、名手として知られる静の舞を見たいと所望し、静は鶴岡八幡宮で舞を奉納することになります。静は義経を慕う歌を詠み、舞いました。頼朝は「謀反人を慕う歌を歌うとはなにごとだ」と怒りましたが、政子になだめられて怒りを鎮めました。さらに政子の助命嘆願によって静の処刑を思いとどまったとされています。

三カ月後に静は義経の子を出産しますが、男子だったため、頼朝の命で由比ケ浜に沈められました。『吾妻鏡』では、政子は赤子の命乞いをしたと記載されていますが、さすがに許されなかったようです。その後、静は母と共に京で暮らし、まもなく没したとされています。

七十一、義経の逃亡経路は？

〝逃亡者〟となった義経は、天王寺（大阪府）から吉野（奈良県）に入り、そこで静御前と別れた後、比叡山など畿内を転々としました。まるで過激派の犯人のように、さまざまなところを逃げ回っていたのです。この間、佐藤忠信など腹心の部下たちは次々と京で捕えられ、殺害されています。しかし、義経だけは捕まりませんでした。

そして一一八七年になり、義経は奥州の藤原秀衡の保護下にいることが確認されました。義経がどういうルートを経て奥州に入ったのかは不明です。通説では、北陸路を北に向ったとされていますが、駿河（静岡県）・清水の港から船に乗り、太平洋を北上して奥州に辿り着いたとする説もあります。

いずれにせよ、義経は頼朝の警戒網をくぐり抜け、まんまと逃げおおせました。現代にたとえれば、指名手配中のテロリストが「外国」へ脱出した、と言ったところでしょうか。

七十二、安宅の関・勧進帳の真実

山伏姿などに身をやつして奥州を目指していた義経一行は、加賀（石川県）・安宅の関所に差しかかりました。このとき、「山伏を徹底的に調べろ」という頼朝の命令が全国の関所に発せられていたため、関所の番人・富樫泰家は一行を尋問します。弁慶は機転を利かせ、偽（白紙）の勧進帳を読むことで危機を脱しますが、関所を通り抜ける際に、今度は強力《ごうりき》姿に変装していた義経が見とがめられます。弁慶は「お前がいるから疑われのだ！」と言って、涙ながらに主人である義経を激しく打ちました。泰家は、強力が義経本人であることを確信しながらも、弁慶の忠義心に打たれ一行を見逃しました――。という日本人好みのエピソードは、歌舞伎『勧進帳』などでも有名ですが、残念ながらこれはフィクションでしょう。

七十三、義経は奥州藤原氏の「保険」だった

長い逃避行の末、義経は一一八七年に奥州に辿り着き、再び藤原秀衡に保護されました。義経が奥州へ〝亡命〟するのは、これで二度目になります。もともと藤原氏と義経の間にはなんの接点もなく、また、かつて源氏と藤原氏は敵対関係にあったにもかかわらず、なぜ秀衡は義経をこれほどまでに厚遇したのでしょうか。

簡単に言えば、一種の「保険」です。一度目は、後に源氏の勢力が強くなった場合、義経を保護したという事実が、後に利益になって返ってくると踏んだために義経を保護しました。

しかし、二度目の亡命では、あろうことか義経は天下人・頼朝と対立し、罪人という立場で保護を求めてきたのです。

秀衡はそれでも義経を受け入れました。義経が奥州にいると見た頼朝は「罪人・義経を引き渡せ。おとなしく引き渡せば事を荒立てない」と要求しますが、秀衡は「こちらで保護している事実はない」とこれを突っぱねます。義経を引き渡しても、平家という背後の脅威がいなくなった頼朝は必ず奥州を攻めてくると予想したからです。ならば天下の名将・義経を「カード」として使い、彼に軍勢を率いさせて頼朝軍と戦

わせたほうがいいと秀衡は考えたのです。

七十四、頼朝も朝廷も恐れた奥州藤原氏の力とは？

奥州藤原氏は、奈良時代以来、貴重な金や馬などを摂関家や院に送っていました。また、中尊寺金色堂、毛越寺、無量光院等を建立する際、仏師・運慶に金堂本尊の造立を、関白藤原忠通に金堂の額の書を依頼するなど、当時超一流の人たちに莫大な金品を投じています。この財力と、その背景にある軍事力は朝廷や頼朝にとって脅威であったと思われます。しかし、義経の死後、幕府軍にあっけなく滅ぼされているところを見ると、多くは奥州の黄金「伝説」に怯えていたのかもしれません。

七十五、検証・義経の最期

奥州に逃れた義経は、予想だにしなかった事態に見舞われます。義経の最大の理解者であった秀衡が、突然この世を去ってしまったのです。秀衡の跡を継いだのは、息子の泰衡でした。

この泰衡に、義経逮捕の命令がしきりに下されます。一一八八年には、朝廷から二度にわたって、「義経追討」の宣旨《せんじ》が発令されました。一年の間に、宣旨が二度も出されるのは異例で、このことからも頼朝の要請がかなり執拗だったことが窺えるでしょう。

名政治家と謳われた父・秀衡とは対照的に、泰衡は小心者でした。〝脅迫〟にも似た朝廷と頼朝の要請に耐えきれなかったのです。

一一八九年四月三〇日の夜半、密かに数百騎の兵を集めた泰衡は、義経が暮らしていた衣川・高館を急襲しました。高館を守る義経の軍勢は、武蔵坊弁慶をはじめとしたわずか二〇騎です。いかに義経が天才でも、勝機は万に一つもありませんでした。

観念した義経は、家来たちが寄手を防いでいる間に持仏堂に入り、妻子を殺害した後に、館に火を放って自刃しました。享年三〇歳。二二歳で歴史の表舞台に彗星のごとく出現し、平家を滅亡させるという大仕事をやってのけた後に、まさに〝流星〟の

1986年に義経の死後800年を期して建てられた「源義経主従供養塔」(毛越寺高館)

ように義経は散っていったのです。しかし、この後「義経は衣川で死んでいない説」が、長く日本史上では語り継がれることになります。

七十六、もしも義経が奥州軍の総大将だったら

歴史に「if（もしも）」は禁物ですが、もし義経が奥州軍の大将として軍を率いて頼朝と戦っていたら、歴史は大きく変わって「藤原幕府」なるものが誕生していたのでしょうか？

私はそうは思いません。もっとも、確かに軍事の天才である義経が指揮を執っていれば、奥州藤原氏があああも呆気なく滅びることはなかったかもしれません。しかし、奥州には武士に支持される要素がありません。再三にわたって述べてきたように、頼朝にはそれがあるのです。

歴史というのは非常に面白いもので、大きな潮流に乗っている者が常に最後の勝利者になるのです。戦国時代を終わらせようとした織田信長は、その事業の完成寸前に本能寺の変で倒れました。しかし、信長の方針自体は誰にも変えることができなかったのです。豊臣秀吉なり徳川家康が継承していき、またその流れを継承したものだけが栄えたのです。

それと同じことで、たとえ奥州（義経）が頼朝の首をとったとしても、最終的には鎌倉側が勝利を収めることになったと思います。

清衡が創設し、奥州藤原氏の栄華の象徴となった「中尊寺」（岩手・平泉）

七十七、奥州藤原氏の滅亡と頼朝の計略

義経を滅ぼした藤原泰衡は、頼朝に和を請うつもりでした。しかし、頼朝にとって義経問題は奥州を攻撃するための口実に過ぎなかったのです。頼朝は、義経をかくまったこと自体が〝反逆〟を意味するとの強弁をふるい、奥州攻撃を命令しました。

頼朝の立場から見ると、義経は、平家を滅ぼしてくれた上に、その後奥州に逃げ込むことによって奥州征伐の口実をも与えてくれた存在なのです。

既に述べたように、源氏にとって奥州藤原氏は深い恨みのある一族ですが、、単に恨みだけならば頼朝は「奥州征伐」を考えなかったでしょう。父・義朝の〝仇〟である平家ですら、憎しみだけで滅ぼしたわけではありません。

頼朝は、平家亡き後の最大の〝仮想敵国〟を叩いて将来の禍根を断つと同時に、「征伐軍」を動員することで幕府の支配体制を強固なものにしようと考えたのです。

頼朝の大軍の前に、奥州軍は瞬く間に敗れ去り、長らく東北地方に君臨してきた奥州藤原氏は滅亡しました。

七十八、頼朝も、最後は暗殺されたのか？

平家を倒し、義経を滅ぼし、さらに奥州藤原氏を滅亡させて鎌倉幕府を開いた頼朝は、一一九九年、突然の落馬事故により、五三年の生涯を終えました。しかし、『吾妻鏡』には、頼朝の死の前後の記述がまったくありません。そのため、頼朝の死因を巡って、後世さまざまな憶測がなされました。具体的に言うと、頼朝の死は〝暗殺〟によるものだったのではないか、ということです。

私自身は、暗殺の可能性も大きいと考えています。頼朝は、〝真〟の武家政権の確立を掲げ、多くの武士たちの共感を得ました。彼らの支援があったからこそ、貴族化した平家政権を倒して幕府を開けたわけですが、晩年になると、娘の大姫を後鳥羽天皇

頼朝の直接の死因は落馬。墓の近辺には頼朝の屋敷があったという
（「源頼朝の墓」、鎌倉）

に嫁がせるなど、まるで平清盛のようなことを始めました。

それまで〃武士尊重路線〃を貫いてきた頼朝が、突如として朝廷に媚びる態度をとるようになったのです。頼朝を〃鎌倉殿〃と呼んで慕い、共に戦ってきた武士たちは、失望したと同時に〃裏切られた〃と思ったに違いありません。ですから、そうした人々の手によって、頼朝が抹殺されたとしても不思議ではないでしょう。

義経＝ジンギスカン説を検証 編

なぜ、壮大なフィクションが語られるのか

義経は本当に奥州の衣川で死んだのか。それを信じない多くの人々により、「義経生き延び説」が各地に伝えられています。その最たるものが、「義経はモンゴルに渡り、ジンギスカン（成吉思汗）になった」という話です。

その真偽はともかく、私は、こうしたエピソードが数多く残されている背景に、より根元的な日本人の思想があると考えています。すなわち「怨霊信仰」です。不幸にして死んだ人は、祀らなければ怨霊となる。しかし、義経の場合は、頼朝からすれば「謀反人」です。祀るわけにはいきません。一方で義経は「平家を滅ぼしたヒーロー、日本史上初のアイドル」でもありました。そこで義経の霊は独特の祀られ方、すなわち「義経を決して殺さない」という形で、語り継がれるようになるのです。

七十九、義経〝生き延び説〟の検証

ここで改めて強調しておきたいのは、日本史上における義経の重要性です。それは、その天才的軍事指揮官としての才能や、悲劇的物語だけではありません。彼の残した「義経伝説」、ひとことで言えば、「義経は衣川で死なずに生き延びた」と言うことです。「義経伝説」は、さらに「義経北行伝説」と「義経ジンギスカン説」という二つの流れに分類されます。学会はこうした説を荒唐無稽だとして無視している嫌いがあります。

確かに、事実関係だけを検証していけば、特にジンギスカン説などは無理が多いと思います。

しかし私は、少なくともこうした伝説が生まれ、今日まで語り継がれていることに、その重要性を感じます。なぜ、「義経伝説史」が真剣に研究されないのか。私はその原因が、「日本史研究の三大欠陥」の一つ、「歴史の宗教的側面の無視（軽視）」にあると思っています。義経伝説とは、「宗教史」の問題であり、義経伝説ほど「日本が怨霊信仰の国である」ことを如実に物語る研究材料はないのです。

本編では、この「義経怨霊伝説」について解説していきましょう。

八十、『吾妻鏡』『平家物語』の違い

義経が衣川で確実に死んだことを語る文献は『吾妻鏡』だけで、この中では鎌倉に送られた義経の首が、和田義盛と梶原景時によって確認されています。

しかし、炎の中で自刃した義経の（おそらく黒こげの）首が、死後一カ月後に鎌倉まで運ばれたところで、それがもとの首の形をとどめているかどうかは疑問です。しかし、疑い出せばキリがありませんし、私がここで問題とするのは、そのような事実云々の話ではありません。

八十一、義経＝ジンギスカン説を伝える書物の信憑性

義経の北行伝説は、東北出身の作家、中津文彦氏や高橋克彦氏が何回か題材に採り上げており、ジンギスカン伝説は高木彬光氏の『成吉思汗の秘密』がよく知られています。そのほか、江戸時代に水戸光圀は『大日本史』の中で、多くの人が義経の生存を信じていたことに言及し、同じく江戸時代に書かれた『金史別本』は、義経が後に金（中国）の将軍となり、義経＝ジンギスカン説の原型となりました。一見、あり得

ない義経の「生」を、なぜこのように多くの人がまことしやかに語るのか。編集部が集めた義経の生存説に関するエピソードを紹介します。

八十二、義経＝ジンギスカン説を裏付ける伝説

義経は、藤原泰衡による衣川の館への襲撃を事前に知っていたふしがあり、彼が北に逃れたという可能性は皆無ではありません。しかし、その後義経が大陸に渡ってジンギスカンになったという説は、飛躍しすぎという気がします。もっとも、義経＝ジンギスカン説は、時として実にユニークな視点を提供してくれます。どのような説が義経とジンギスカンを結びつけているのかを見てみましょう。

八十三、ジンギスカンの「白旗」は源氏の白旗？

ジンギスカンが興安嶺という山で家臣を集めて集会を開いた時、山上にはためいていた旗は白旗だったそうです。白旗と言えば、源氏のシンボル。そのため、このエピソードは、ジンギスカンと源氏の関係に注目しています。

八十四、ジンギスカンの父

ジンギスカンはニロン族の出身で父はエゾカイ、母はホエルン・イケであると言われています。「ニロン」は日本、「エゾカイ」は蝦夷海という日本語がなまっているのではないかという解釈です。

八十五、ジンギスカンの母

モンゴル帝国を創設後、ジンギスカンはこの母に宣懿〈センシ〉皇后という名をプレゼントしました。そして、ホエルン・イケ・センシとなるのです。この名を繰り返すと、清盛に懇願し義朝の遺児を救った「池禅尼」の名が浮かんできます。

八十六、二人の共通点とは

『義経記』の中には、義経は酒が飲めなかったという記述が何カ所か残っています。
一方で、モンゴルの歴史書には、ジンギスカンが「酒は心の平静を失うものである」

として酒を痛烈に批判している記述があります。共に「酒嫌い」という共通点です。

八十七、「九」の秘密

義朝の九男として生まれた義経は九郎と呼ばれていましたが、ジンギスカンは、「九」という数字を大変好んでいました。ある地方の王の遺子がジンギスカンに謁見したとき、贈り物を全て九つずつ用意したと伝えられています。また旧満州では、ジンギスカンのことを九郎と同じ音の克羅（クロウ）と呼んでいたと言われています。

八十八、ジンギスカンの命日と「義経忌」

義経が幼少期を過ごした鞍馬では、毎年八月一五日に「義経忌」が行われています。これは義経が衣川で最期を迎えた日ですが、奇しくもこの日はジンギスカンが亡くなったと言われている日と一致します。

八十九、ジンギスカンは静を思う?

高木彬光氏の『成吉思汗の秘密』によれば、ジンギスカン（成吉思汗）とは、モンゴル王に即位する際に自分で付けた名であると言われています。名前の「汗」は「水干」と分解できますが、歌舞、もしくは歌舞する遊女のことを指し、ここから静御前を連想できます。また「吉」を静御前と別れた吉野であると解釈すれば、「吉野で別れた静を思う」の意が含まれていると考えられるのです。

九十、東北・北海道に残る義経・名残の地

義経は衣川の館で泰衡の軍に襲われる前に、泰衡の動きを察知していた節があります。そのため、『吾妻鏡』の記述（義経の首が鎌倉の首実検で本人の者と確認された）を否定するわけではありませんが、義経が窮地を脱して北方に逃げたという可能性は十分にあると思います。

それを肯定するように、奥州平泉からスタートし、主に北方の青森、一部には秋田方面に渡り、義経ゆかりの地域は図のように広がっています。そして津軽海峡を渡り、北

14. 平取町—義経神社

当神社には、旅を続ける義経一行は平取のアイヌ集落に落ち着き、船の作り方、操縦の仕方など暮らしに役立つ様々なことをアイヌ民族に教えたところ、彼らから慕われる存在となったという話しが伝えられている。

15. 本別町—弁慶洞

義経一行は高さ 20 メートル、奥行き 16 メートルの大きな洞窟を見つけ、弁慶ら 12 人がそこでひと冬を過ごしたという伝えから弁慶洞と呼ばれるようになった。

16. 稚内市—義経試し切りの岩

義経が岩を刀で真二つに割ったところ、近くにいたアイヌの人々は驚き、舟を出し、樺太まで送り届けたというエピソードが残っている。

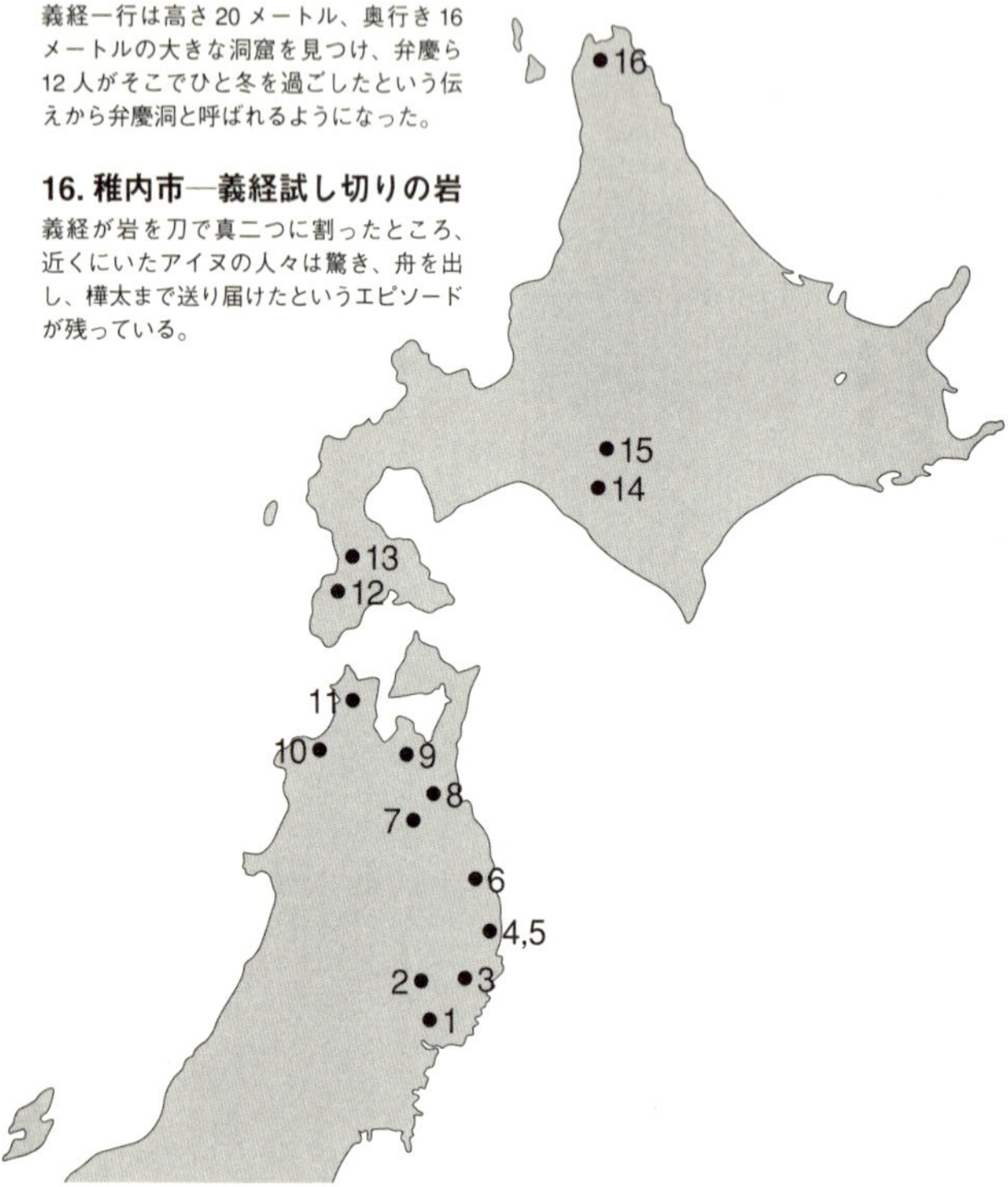

1. 大東町―観福寺
義経一行が一泊したと言われており、そのとき義経の重臣亀井六郎重清が残していったという笈が残っている。

2. 江刺市―玉崎神社
義経一行は道中の安全を祈願するため当神社に立ち寄り、現在社宝として保存されている経文、太刀、槍を残していったと伝えられている。

3. 遠野市―風呂家
疲れと暑さで汗まみれで遠野に着いた義経一行を、風呂に入れ心のこもったもてなしをした一家が、義経から「風呂」の姓を与えられたというエピソードが伝えられている。

4. 宮古市―横山八幡宮
義経一行が宿泊。家臣、鈴木三郎重家は老齢でこれ以上の旅を続けることは困難となったため、ここに残り、神主になったと伝えられている。

5. 宮古市―黒森神社
義経一行がこの地に3年3カ月滞在。義経は大般若経600巻を写経し奉納したと伝えられている。また「黒森」は「九郎森」から転じた名と言われている。

6. 久慈市―諏訪神社
義経を追う元戦友の畠山重忠はここで義経を追いつめるが、同情しわざと矢をはずし逃がしたという。その時に木に刺さった矢が当神社に祀られている。

7. 名川町―法光寺
弁慶が三戸付近に出かけた帰りに法光寺（当時の観音寺）に立ち寄り、一宿したと伝えられている。その時に弁慶が書いたとされる礼状は、明治時代に起きた火災によって焼失した。

8. 八戸市―小田八幡宮
義経一行は鞍馬から持ってきた毘沙門の像を八幡の神に合わせ祀ったといわれている。また義経一行が奉納したと伝わる大般若経の写経とその箱が現存する。

9. 青森市―貴船神社
義経一行は北海道への航海安全の祈願のため当神社に立ち寄った。このとき、義経の昔の恋人、浄瑠璃姫と再会するが、姫は病に倒れこの地で亡くなったという。

10. 市浦村―十三湊
藤原秀衡の弟で、安藤氏の養子に入った秀栄が隠居寺として壇林寺（現在は残っていない）を建立し、ここに義経一行がしばらく滞在したと言われている。

11. 三厩村―義経寺
悪天候で渡航できず義経は身に付けていた観音像を波打ち際の岩に置き三日三晩祈願した。その観音像を江戸時代の僧、円空が発見し、祀ったことが当寺の起こりという。

12. 江差町―義経の馬石
義経一行は、ここで青森から共に海を渡った愛馬を残し一路北へ向かった。愛馬は義経の帰りを待ちついには岩になってしまったといい、その馬石が残っている。

13. 乙部町―九郎岳
義経を追って乙部岳にきた静御前だが、義経はすでに峠を越えていた。その知らせを聞いた静御前は失意のあまり川に身を投げたと言われている。このエピソードから、地元の人が峠を姫待峠、その山を九郎岳と呼ぶようになった。

海道に上陸、さらには樺太にまで広がっています。

後に詳しく述べますが、大衆は、人気者（アイドル）であった義経を神として祀らなかったことに不安を覚えます。そのため、義経の怨霊を「死なせない」という考えに至りました。その最たるものが「義経＝ジンギスカン伝説」ですが、もう一つが、この「北行伝説」なのです。

九十一、義経とジンギスカンを結ぶ「怨霊伝説」

この時代の「怨霊信仰」を説くカギが、平泉の中尊寺金色堂の中にあります。すなわち、藤原三代（清衡、基衡、秀衡）のミイラ、そして、なんと頼朝に滅ぼされた藤原泰衡の首のミイラです。

前出のように、頼朝は、義経をかくまったことを口実に、八幡太郎義家以来の源氏

八幡宮を鎌倉に建てたのも、頼朝の「怨霊信仰」がなせる業か？
（鶴岡八幡宮、鎌倉）

義経は死んでいなかった？
（平泉・衣川の現在」）

の恨みの対象であった奥州藤原氏を攻め滅ぼしました。

後白河法皇も頼朝の行為を追認せざるを得ず、「泰衡追討」の院宣を出しているので、奥州藤原氏は「朝敵」です。つまり、この時点で奥州藤原氏は、朝廷にも背いた天下の大罪人であったわけですが、その「大罪人」の一族のミイラが、いまも金ピカの金色堂に祀られているのです。

歴史的に、こうしたケースは極めて希と言えます。なぜなら、「大罪人」の先祖代々の遺体が祀られた施設を、戦勝者がそのまま黙認して帰還するはずがないからです。こういう場合、施設は破壊され、金目のものは全て戦利品として持ち帰られるはずです。

中尊寺金色堂にある藤原四代のミイラに頼朝が手を付けなかった背景にも、日本独特の「怨霊信仰」が見え隠れする（岩手・平泉）

さらに、東北という一大王国を占領し、これから占領政策を行う頼朝にとって必要なことは、民衆が旧支配者を懐かしまないようにすることです。そのためには、遺体なども全て焼き捨てるのが、占領者としては妥当な判断です。

しかし、今日藤原四代のミイラが金色堂に残されているのは、頼朝がそれを許したか、あるいは黙認したからにほかなりません。なぜか。

それは、頼朝が、ほかならぬ「怨霊信仰」の信者だったからです。

七四ページで、頼朝の「奇跡」について述べました。本来なら、平治の乱で父が殺されたとき、頼朝も処刑されて仕方のない存在でした。しかし、「死んだ子に似ている」というラッキーな理由で、清盛の母に命を救われます。その後の頼朝の歩んだ道のりを見てみましょう。
◎伊豆に流されたことで、武士の要求を身を以て知った
（仮に佐渡や隠岐に流されたら、頼朝の再起はあり得なかった）
◎北条氏という後ろ盾を得た
◎石橋山の敗戦で、絶体絶命のピンチを救われた
◎義経という天才を「ここしかない」というタイミングで味方につけた
◎その義経が、あっさり平家を滅ぼしてくれた
◎義経が奥州に走るが、その保護者である秀衡が死んだ
◎義経と奥州の軍事力が結びついたら脅威だったが、その義経を泰衡があっさり殺してくれた

果たして、これだけの偶然が、重なり合うものでしょうか。頼朝が怨霊を怖れるのも、無理からぬ話です。

まさにこれほどの奇跡の連続は、バカツキとしか言えません。つまり頼朝は、バカツキ、言葉が悪ければ「希有《けう》の幸運」に恵まれ、流罪人の身分から、武士の頂点に君臨するのです。この「ツキ」は尋常のものではなく、頼朝自身もそれは感じていたでしょう。何かが、この「ツキ」をもたらしてくれていると考えたはずです。

例えば、頼朝は、源氏の守護神である八幡神を京から招き、現在の鶴岡八幡宮を建てました。しかし、彼は自分に大幸運をもたらしてくれた本当の主体が別にいると考えたと思います。それは、非業の死を遂げた父・源義朝です。

折しも、頼朝が「壇の浦で平家滅亡」の知らせを受け取ったのは、父の菩提を弔うために建てた勝長寿院の棟上げ式の席でした。それまでの奇跡を、父・義朝の加護によるものと信じていた頼朝にとって、このタイミングは決して偶然の暗合ではなかったはずです。

頼朝が怨霊信仰の信者であった——そう考えなければ、金色堂のミイラが今日まで残っている事実を説明できません。

この「怨霊信仰」という定義によって、同様に、なぜ「義経伝説」が生まれたか、すなわち「義経は衣川で殺されずに生き続けた」という〝あり得ない話〟が数百年もの長きに渡ってまことしやかに語り継がれてきた（いる）不思議の謎を解くこともできます。事項以降でそれを解説しましょう。

九十二、「判官贔屓《ほうがんびいき》」の背景にある日本の根源的思想

判官贔屓とは、英雄でありながら薄命に終わった義経（＝判官）を愛惜し、彼に同情する気持ちが、転じて敗者・弱者に同情し、声援する感情となったと言われます。

しかしこれは一般的な説明であって、勝利を得た者を率直に称賛し、共感するのが大衆の感覚というものです。勝者と同等か、それ以上に敗者・弱者が讃えられる国は、世界でも珍しいと言えます。なぜ、日本にはこういう思想があるのでしょうか。

これは、日本に根強く存在する怨霊信仰が関係しています。単純に言えば、怨

石田三成（1560 ～ 1600）

寺住まいの身から豊臣秀吉に仕え、その寵を受け佐和山 19 万国の城主となり、五奉行の一人として、経済・内政面でその手腕を発揮した。秀吉の死後、関ケ原の戦いで西軍を指揮し徳川家康の東軍と戦うが敗れ、敗走途中に伊吹山中で捕えられる。史実では六条河原で斬首されているが、実は秋田の佐竹氏にかくまわれたという伝説が残っている。

真田幸村（1567 ～ 1615）

関ヶ原の戦いで父・昌幸とともに西軍に加わり、信州・上田の居城で徳川秀忠軍を足止めするが、西軍は敗退。東軍に加わっていた兄・信幸の懇願によって死罪を免れるが、紀州で蟄居を命じられる。大阪の冬の陣で復活、再び豊臣秀頼側に加担し徳川軍を苦しめるが、翌年の夏の陣で戦死。しかし、秀頼と共に鹿児島に落ち延びたというエピソードもある。

西郷隆盛（1827 ～ 1877）

薩摩藩の指導者として明治維新の中心的役割を果たすが、明治政府成立後に征韓論を巡り同じ明治維新の功労者・大久保利通らと対立し下野。帰郷して私学校で士族の子弟を教育する。その生徒らに擁立され西南戦争を起こすものの、政府に鎮圧され自刃する。しかし西郷に関しても、そこでは死なず、生き延びて南海やロシアに逃れたという諸説がある。

霊のタタリに対する恐怖が強いためです。それゆえ日本人は、怨霊の発生を予防するためにできるだけケンカを避け、「和」を重んじます。それでは防ぎきれずに発生してしまった怨霊への対症療法が「神として祀ること」なのです。それが古代より続く鎮魂法でしたが、義経という〝アイドル〟の存在がその鎮魂法を「判官贔屓する」という形で大衆化したのです。詳しくは最終項で（九十六）触れることにしますが、以後も日本史上においては、何名かの「英雄不死伝説」が生まれました。

九十三、義経＝ジンギスカン説と「大東亜共栄圏」思想

第二次世界大戦中、日本の大陸進出のスローガンとして、「大東亜共栄圏」ということが言われました。これは欧米勢力を排除し、日本と満州・中国、および東南アジア諸国の共存共栄を説いた思想です。

実はこのとき、大東亜共栄圏思想を後押しする考え方として、本書で取り上げている「義経＝ジンギスカン伝説」が、声高に語られるようになりました。

確かに日本史上のヒーローが、さらに大陸に渡ってからも活躍したという考え方は、日本を盟主とする共存共栄の思想を肯定するに十分であったと言えるかもしれません。

しかし、私が本書で述べてきたように、「義経＝ジンギスカン伝説」ひいてはそれ以前

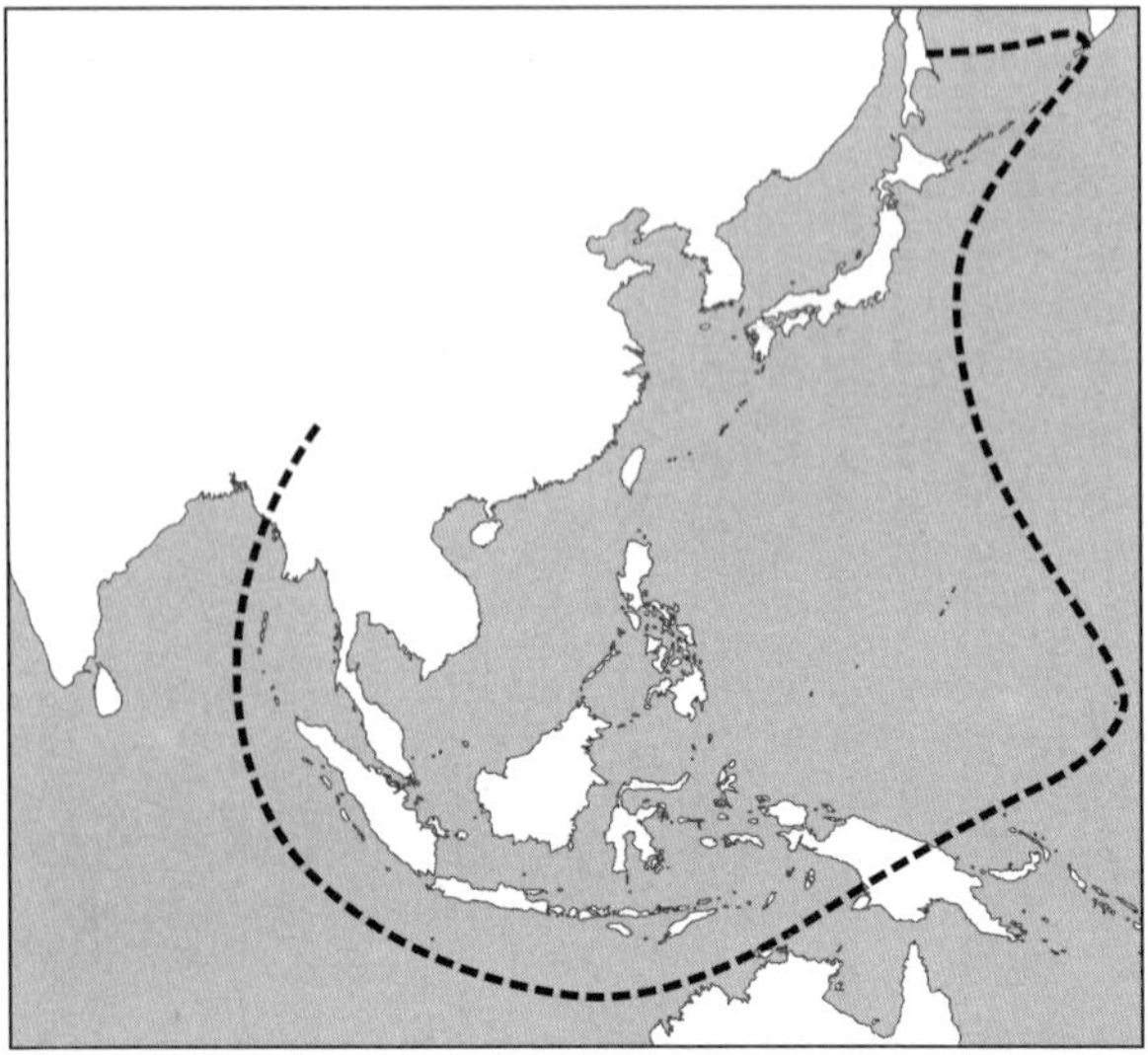

アジアは日本主導のもと、一つの共同体であるという大東亜共栄圏思想の背景に、義経＝ジンギスカン説があった。

の「英雄不死伝説」が生まれた日本人の思想的背景は、大東亜共栄圏とはまったく別の次元のものです。日本の大陸進出自体は、日本人にとってあまり名誉なことではないと思うのですが、どうでしょうか。

語り継がれる義経 編

英雄（ヒーロー）は永遠に死なず

義経＝ジンギスカンのエピソードは、第二次世界大戦時に、日本の軍部が打ち出した「大東亜共栄圏」の思想的裏付けなり、日本の大陸進出に利用されたこともありました。こうした不幸な歴史はともかく、今日まで義経のエピソードが多く語り継がれるのは、やはり義経が人気者（＝アイドル）だからでしょう。歌舞伎や能など伝統芸能の世界でも、義経は数ある歴史上の英雄の中で〝常連〟です。義経に関する小説も数多く出され、映画やテレビドラマでも取り上げられています。織田信長や坂本龍馬などと同様、義経が我々にとって日本史上の特別な存在であることだけは間違いありません。

九十四、琵琶法師と『平家物語』

日本は古来より識字率の高い国でしたが、琵琶法師によって語り継がれた『平家物語』は、文字の読めない人にもこの文学を広めたため、日本人の識字率をさらに高める効果があったかもしれません。

ところで、『平家物語』はあくまでも文学ですから、誇張や歪曲があります。特に最大の問題は、平清盛が必用以上に悪者に描かれていることです。これは、源平の争いに勝利した源氏の世に書かれたものであれば仕方ないことかもしれませんが、そうなると、伝えられる歴史は、勝者が全て善で、敗者が悪になってしまいます。

また、この物語の中には、平清盛が「天皇の落とし胤である」ことを匂わすような記述があります。これは、上記のように源氏の世に作られた物語の中で、「敵である平家に一度たりとはいえ天下を握られたのは癪だが、天皇の落とし胤であれば致し方ないか」という考えが反映されたのではないかと想像されます。さらに、こうした考えは、「死」や「血」といった「ケガレ」の存在とされていた武士の差別意識を緩和するものであったとも考えられます。

歴史物語もこうした視点から読み解くことで、物語の裏に隠された歴史の実像に、

平家の亡霊に取り憑かれ耳を奪われたという怪談話で有名になった「耳なし芳一」
（赤間神宮蔵）

より近づくことができるのです。

九十五、義経と舞台芸能

義経は、その人気から、現在も多くの舞台芸能にその題材が使われています。歌舞伎では、「義経千本桜」や「勧進帳」「一の谷嫩軍記」「義経腰越状」など、能では「安宅」「船弁慶」「矢島（屋島）」などが有名です。

題材として『義経記』などがよく使われますが、室町時代に書かれたこの軍記物語は、義経の不遇な幼少期と末期の話を同情的に描いています。

そのために誇張や脚色もありますが、歌舞伎や能になると、その誇張部分がさらに極端になります。

壇の浦で死にきれない平家の亡霊などが出てきて、まさに「怨霊信仰」を表現した芸能と言えるでしょう。

義経を偲び毎年 9 月 15 日に行われる「義経祭」。本殿では天狗舞が披露される
（京都・鞍馬）

九十六、義経は日本史上初の人気者（アイドル）だった

義経が死んだとき、大衆は「義経様」を祀らないことを不安がりました。日本の怨霊信仰からすれば、祀らなければ義経が大霊化して恐ろしいことになるからです。しかし義経は幕府の統制を乱した罪人ですから、幕府がこれを祀るわけにはいきません。しかも為政者による怨霊鎮魂法は神道から仏教に、つまり、オオクニヌシや菅原道真のように「神として祀る」のではなく、寺を建てて「供養する」という方法に変わっていました。

そのため幕府は、有罪である義経については、「せいぜい供養でもしておけば十分だ」という判断を下したのです。

しかし「判官贔屓」の項で述べたように、義経は当時の「アイドル」です。そこで大衆は、日本初のアイドルに対して、「その人を殺さない」という、新しい形の怨霊鎮魂法を生み出します。義経を死なせたくない、あのまま活躍させたかった、という感情は、ついに「伝説」を作り上げてしまったのです。

この「英雄不死伝説」は、江戸時代に沢田源内という偽書作者の『金史別本』という「偽書」のために、義経＝ジンギスカンという話にまで発展しました。

形こそ違え、こうした「怨霊信仰」が、『北野天神縁起絵巻』における菅原道真、『源氏物語』における光源氏の活躍と同種のものだということがお分かりいただければ、読者のみなさんもまた一歩、日本史の実像に迫ったと言えるでしょう。

義経最期の居館となった高館には義経の木像が安置されている
(「源義経公像」、高館、義経堂蔵)

源義経年表

義経に関する主な出来事と
この時代の主な出来事

一一五六年——保元の乱がおこる。
一一五九年——源義朝の九男として義経誕生。幼名、牛若丸。平治の乱がおこる。源義朝ら平清盛に敗れる。
一一六〇年——義朝は死罪、子・頼朝は流罪に処される。
一一六七年——平清盛、大政大臣となる。
一一六八年——清盛、病により出家する。
一一六九年——鞍馬寺に入る（諸説あり）。後白河上皇出家する。
一一七四年——鞍馬を抜け出し、奥州を目指して流浪の旅に出る。
一一七五年——元服し、源九郎義経と名乗る。
一一七七年——鹿ヶ谷で藤原成親らが会合し、平家を倒そうと図るが失敗。
一一八〇年——以仁王、源頼政のすすめにより平氏追討の命旨を発する。
八月——頼朝、伊豆で挙兵。石橋山の戦いで大庭景親に敗北。
九月——木曽義仲挙兵
一〇月——頼朝鎌倉に入る。富士川の戦いに勝利。
一〇月——義経、黄瀬川（現静岡県沼津市）で兄、頼朝と対面。
一一八一年——清盛死去。
一一八三年——木曽義仲追討のため、兄範頼とともに京へ向かう。義仲、倶利伽藍峠で平維盛を破る。

一一八四年――範頼とともに宇治川で木曽義仲を破り入京。義仲、近江粟津で戦死。
二月――一の谷（兵庫県神戸市）で平氏を破る。
八月――検非違使左衛門少尉に任命されるが、頼朝の怒りを買う。
一一八五年――屋島（香川県高松市）で平氏を破る。
三月――壇の浦（山口県下関市）で平氏を滅ぼす。
五月――捕虜、平宗盛親子を連れて鎌倉へ向かうが、頼朝から鎌倉入りを禁じられる。
六月――頼朝に所領を没収される。
一〇月――頼朝家来、土佐坊昌俊に京都堀川館で襲われる。
一〇月――後白河法皇から頼朝追討の院宣を与えられる。
一〇月――頼朝、義経討伐のため京へ向かう。
一一月――頼朝の追討を逃れるため京を脱出し、西へ向かう。
一一月――義経追討の院宣が下る。頼朝、全国に守護地頭を設置。
一二月――静と十数名の家来とともに吉野山に隠れる。
一一八七年――近江、北陸路を経て奥州・平泉に下る。藤原秀衡死去。
一一八八年――藤原基成・泰衡に義経追討の宣旨が下る。
一一八九年四月――藤原泰衡に裏切られ、衣川の館で自害する。
六月――義経の首が奥州から鎌倉に届けられる。
九月――頼朝の奥州討伐により、泰衡は殺され藤原氏が滅亡する。
一一九二年――頼朝、征夷大将軍となる。鎌倉幕府成立。

参考文献

『逆説の日本史』中世動乱編、中世鳴動編、古代怨霊編（井沢元彦著、小学館文庫）
『義経』（上下：司馬遼太郎著、文春文庫）
『平家物語』『日本史探訪6 源平の争乱』（角川書店編）
『日本の歴史7鎌倉幕府』（中央公論社）
『歴史群像シリーズ 源平の攻防
【義経、頼朝の戦いと兵馬の権】』（学研）
『源義経の旅』（菊村紀彦著、雪華社）
『日本史用語集』（山川出版社）
『山川日本史総合図録』（山川出版社）
『京から奥州へ 義経伝説を行く』（京都新聞出版センター）
『【決定版】図説・源平合戦人物伝』（学研）
『再現日本史』（講談社）
『成吉思汗の秘密』（高木彬光著、ハルキ文庫）
『宮尾本平家物語4』（宮尾登美子著、朝日新聞社）
『新・平家物語1〜16』（吉川英治著、講談社）
ほか

宝島社
文　庫

「逆説」で斬る! 義経
(ぎゃくせつできる! よしつね)

2005年6月29日　第1刷発行

著　者　井沢元彦
ark COMMUNICATIONS
発行人　蓮見清一
発行所　株式会社 宝島社
〒102-8388 東京都千代田区一番町25
電話：営業部03(3234)4621／編集部03(3239)3193
振替：00170-1-170829 (株)宝島社
印刷・製本　株式会社廣済堂

First published 2004 by Takarajimasha, Inc.

Printed and bound in Japan
ISBN 4-7966-4691-4